戦国 家臣団

実力ナンバーワン決定戦

監修
本郷和人

宝島社

はじめに

家臣団といっても大きく分けて3つのタイプがあります。

第1のタイプが、武田家臣団に代表される、戦国大名の臣下として誕生しながら、天下が統一される前に滅んでしまった家臣団です。戦国大名としては有力でしたが、時勢の流れのなかで滅亡してしまった家ですね。この武田家臣団の特徴は、家臣たちはみな自身で土地を所有している在地領主だということです。在地領主である武田家臣団を現代的に言えばみな〝小企業の社長さん〟たちの集まり。武田家臣団は信玄や勝頼の家臣でありながら、小なりといえどもみなボスたちだったのです。

第2のタイプが、石田家臣団のように天下の統一という状態を前提として作られた家臣団ですね。完全ではないですが、石田家臣団は今で言う大企業のサラリーマン。当主の石田三成は戦国大名（社長）ではなく、豊臣秀吉に仕える大名で、天下人である豊臣秀吉に仕えた上で自身の家臣団を形成しています。そこには「統一権力」の存在が前提としてあるのです。統一権力の存在を前提とした石田家では、主人（秀吉）の巨大な権力を家臣に対して行使できるんです。三成を信頼している秀吉が常に家臣団に対して睨みを利かせ、三成に逆らうということは、その後ろにいる天下人秀吉に逆らうということになります。そのため石田家では、主人の家臣に対する権力がより強固になってくるのです。

そして第3のタイプが上杉家臣団のように、戦国大名として誕生し天下統一後まで存続した家臣団になります。もともと戦国大名として始まっているのですが、その後は天下統一という世のなかの大きな流れに飲み込まれるも、天下人の家臣となることで、なんとか潰されることなく生き残った家臣団です。

この3つのタイプの違いは、統一権力との関係になります。

石田家臣団では三成がヘマをしても秀吉がそこを補完してくれますが、信玄や勝頼は誰も後ろからは助けてくれないのです。そのため武田家臣団は主人の信玄や勝頼の力が弱まったら、もう統制が取れなくなってしまいます。忠誠心の篤《あつ》い武田四天王が在命中は、武田家も在地勢力をコントロールできていましたが、長篠の戦いで四天王の山県昌景、内藤昌秀、馬場信春が討ち死にすると、武田家は地滑り的に崩壊へ向かいます。織田信長の侵攻を受け戦国最強を誇った武田軍も、在地領主が戦うことなく織田軍へ寝返り、あっけなく滅んでしまいました。

ところで、そもそも家臣団とはなんでしょうか？　それは主人と従者のある意味一対一の個別の関係です。これが武士社会を形成する一番の根幹で、鎌倉時代からすでにこのような関係になっています。

そこには、主従制的な支配権と呼ばれる原理が働いています。家来の役割は軍事的な奉公、簡単にいえば〝戦場に行って主人のために命を投げ出して働く〟ということです。これに対して主人は、御恩を与えます。それは〝名前の一字を与える〟〝官職を与える〟、そして一番大きなものが〝土地を与えて報いる〟というもので、奉公と御恩の関係になるわけです。

これが「封建制」で、鎌倉時代から江戸時代までずっと武士の世界では基本となっており、主従関係を作る家臣団の中心理念になるわけです。それをまず第一に踏まえなければいけません。

小領主は土地の収穫量により動員する兵士の数や馬の頭数、槍や弓、鉄砲などを所持する数などの軍役が定められていました。ただ家臣団が少領主の集合体だった時代は、小領主が供出した家臣団を、騎馬隊、槍隊、弓隊、鉄砲隊のように分けて編制し直すことは不可能でした。このように編制し直してしまうと合戦後、どの家の家臣がどのぐらい軍働きを行なったかという戦評定ができなくなってしまうからです。

合戦において、騎馬隊、槍隊、弓隊、鉄砲隊のようなスペシャリストが編制できるようになるのは、兵農分離（家臣のサラリーマン化）が進んでからなのです。そのため、兵農分離が進んでいなかったと思われる武田家臣団では、武田騎馬隊を編制するのは難しかったでしょう。騎馬隊の有無で武田家臣団の評価は大きく分かれるところです。

また戦国時代には、藤堂高虎のように自分をより高く評価してくれる主人を求め、家を渡り歩く武将もたくさんいました。有力な武将が移籍することで、その家臣団の評価も上下します。そのため面目が丸つぶれとなる大名は「もしもこいつを雇うのであれば、俺を敵に回すことと同じだよ」といった奉《ほう》公《こう》構《かまい》を出して、仕官を邪魔することもあったのです。

このように一概に家臣団といっても、時代とともにその評価の仕方は大きく変わります。

以上を踏まえて、僕は家臣団ランキングをつけていきたいと思っています。

東京大学史料編纂所教授
本郷和人

新納忠元

小西行長

Contents

第1特集 忠義に生きた

名将たち

歴史ライターや歴史雑誌編集者を中心とした
歴史愛好家の面々が、悩みに悩んで選び出した
名将たちのベストシーン、名言、
散り際を順に見て行こう！

大坂夏の陣
史実は違うと分かっても、誰もが一度は幸村ににっくき家康の首を獲らせたいと願った名場面。

画像提供：上田市立博物館

戦国名将たちのベストシーン

武将たちが最も光り輝く舞台、それが合戦。名将の行動から、伝説が生まれる。

戦国時代、特に合戦について語るとき、多くはその場で奮戦した武将の名が挙がる。合戦の勝敗でどの戦国大名が勢力を拡大したかを語るのと同様に、どの武将がどんな活躍をしたかは戦国ファンにとって重要な要素といえよう。

日本一の兵と称された幸村の大坂城での活躍

慶長《けいちょう》5（1600）年の関ヶ原の戦いで西軍に与《くみ》し、それに敗れて以後は父・真田昌幸《まさゆき》とともに九度山で蟄居《ちっきょ》生活を送っていた真田幸村こと信繁《のぶしげ》（以下、この第1特集では通称の幸村）。

しかし方広寺鐘銘《ほうこうじしょうめい》事件を契機に徳川家康が豊臣家に牙を剝《む》き始めた慶長19（1614）年、いよいよ幸村は行動に移った。豊臣家の発した檄《げき》に応じて大坂城への入城を果たし、以後、翌慶長20（1615）年5月の大坂夏の陣で討たれるその日まで、獅子奮迅の活躍を見せる。それまでは表裏比興《ひょうりひきょう》の者としてその名を知られた昌幸の影でやや印象が薄かったが、大坂の陣で発揮し

BEST SCENE

第1位 決死の正面突破作戦で家康の首に迫る

真田幸村の奮戦

た知勇ぶりで「日《ひの》本《もと》一の兵《つわもの》」と賞されるまでに至るのである。

この大坂の陣で幸村に因《ちな》んだ逸話は数多く残されている。慶長19年の冬の陣では、籠城策に反対して積極的に城外に打って出るよう献策するが、最終的に退けられる。そうとなれば籠城戦において大坂城で最も守りの手薄な三の丸南側に出丸を築き、真田丸と呼ばれたその場所に徳川軍を引きつけて翻弄した。翌年の夏の陣では、堀が埋められてしまい、豊臣方が城外に打って出る戦法を選択したため、緒戦から複数の合戦に参陣している。

幸村の名を残すことになった最大の戦いといえば、やはり大坂城南方に構える徳川軍本陣めがけて斬り込んだ、天王寺・岡山の戦いであろう。このとき、徳川軍総勢15万の兵力に対し、豊臣方は3分の1の約5万。しかしこの劣勢をものともせず、敵の多くを天王寺に引きつけて徳川軍本陣の守りが手薄になったところに、幸村率いる真田勢が正面から突入、家康を討とうと目論んだ。事実、この作戦は図に当たり、家康は幸村に追われて命からがらに敗走している。しかし幸村にとって最大の不運は、家康の退路に進出しようとした味方別動隊が家康を捕捉できず取り逃がしてしまったことだ。

板垣駿河守
武田晴信入道信玄
上杉輝虎入道謙信

川中島の戦い
大将同士の一騎打ちなど史実とは思えないが、戦国の名場面といえばこの場面を外すことはできない。

BEST SCENE 第2位

名将同士の一騎打ち

睨み合いがつづいた川中島で生じた歴史的瞬間

守護大名同士の直接対決——希有な場面が語られる

戦国時代には数多くの合戦があり、その合戦ごとに名だたる武将の名が挙げられる。しかし、そのなかでも第四次川中島の戦いは異質だ。

そもそも、五次にわたった川中島の戦いそのものが異質である。甲斐国守護の武田信玄が率いる軍勢と越後国守護の上杉謙信率いる軍勢が川中島の地で真正面から対峙しながら、このうち4回が実質的な交戦のないまま双方とも兵を引いている。こうしたなか、永《えい》禄《ろく》4（1561）年に惹起《じゃっき》した第四次の戦いだけは大規模な戦闘が発生しており、そのため文献などで但書きなく「川中島の戦い」という記述があれば、まずはこの第四次を指す。

しかしそれだけなら、まだ第四次川中島の戦いが異質な戦闘だったことにはならない。むしろ、これこそが普通の合戦という扱いだろう。しかし、そこに語り継がれる逸話が、その異質さを際立たせることになる。すなわち、信玄と謙信の一騎打ちである。

数ある合戦で勇猛ぶりが語られる武将は、基本的に主君に仕える家臣である。兵を率いて前線に臨み、得物（得意の武器）を振るって敵兵を血祭りにあげていく。このとき、主君は出陣しても、基本的には本陣で床几《しょうぎ》にどっかと腰を下ろし、采配《さいはい》を振るだけだ。劣勢に立たされた軍勢は撤退を強いられ、その機を逃すと敵勢に攻め込まれて主君は首を獲られる。だが、そこで攻め込んでくるのは侍大将であり、主君そのものではない。桶狭間の戦いで織田信長軍2000が今川軍2万に奇襲攻撃を仕掛けた際も、義元を討ち取ったのは信長ではなく馬廻衆《うままわりしゅう》だった毛利小平太だ。しかし第四次川中島の戦いでは謙信自らが兵を率いて武田軍本陣に突撃し、信玄を斬りつけた。しかもその太刀を、信玄は床几に座したまま手にした軍配で受け躱《かわ》している。

前ページでは真田勢から逃げ出した家康について触れたが、どうやら家康と信玄、謙信とでは、戦国武将としての器が比較にならないようだ。

BEST SCENE 第3位

明智左馬助の湖水渡り

講談でも語り継がれる屈指の名場面

敵勢から逃れ坂本城をめざし琵琶湖を馬とともに渡る

天正10（1582）年6月2日、明智光秀が本能寺で織田信長を討った。明智左馬助《さまのすけ》（秀満）もこれに加わり、さらにその後の山崎の戦いでは安土城の守備を担った。しかし本隊が秀吉軍に敗れたと知ると、徹底抗戦のため坂本城をめざした。ところがその途上の打ち出浜で敵勢である堀秀政《ひでまさ》隊と遭遇、進退窮《きわ》まってしまった。

ここで左馬助は、予想外の行動に出る。なんと騎乗したまま目の前の琵琶湖に飛び込んだのだ。自殺行為に等しいが、そこには〝なんとしても坂本城まで帰り着かねば〟という尋常ならざる気迫が見える。その気迫に圧された堀秀政らは呆然と見送るしかなく、馬とともに琵琶湖を泳ぎきった左馬助は、無事に湖畔に面した坂本城までたどり着いたという。

湖水渡り
決死の覚悟で湖水を渡りきった左馬助は坂本城に入城。だが攻城軍に城を包囲されると、城に保存された文化財を攻城軍に渡した後に城に火を放ち自害したという。

BEST SCENE 第4位

奮起を促す瓶割り柴田

間諜を欺き自らの退路を断った勝家の奇策

苦杯を喫した織田家を甦らせた、勝家の覚悟

朝倉氏の越前に侵攻した織田軍は、北近江の浅井長政の離反によって金ヶ崎崩れという屈辱を経験した。急いで岐阜城まで帰り着いた織田軍だが、今度は朝倉氏と結ぶ六角承禎《ろっかくじょうてい》が蜂起する。京との連絡路を確保するため勝家は長光寺城に入ったが、ここを六角軍に包囲され、籠城策を余儀なくされるのだった。さらに水を断たれ、このままでは籠城もままならない。

しかし勝家は、城内の瓶《かめ》に蓄えられた水を、兵たちに存分に使わせた。潜入しているであろう六角氏の間諜を欺くためだ。そしてついに城外に打って出るという段には、水の残る瓶をすべて叩き割り、不退転の決意を示した。これが部下たちを奮起させ、見事六角軍を撃退。これに因み、勝家は「瓶割り柴田」と呼ばれるようになった。

瓶割り柴田
槍を手に瓶を割る姿の柴田勝家が描かれた錦絵。この勝家の男気を表す逸話が第4位に選ばれている。

戦国を駆け抜けた男たちは、
熱き想いを塗りこめた言葉に
魂を震わせた。

訓言集

主君に忠義を尽くす家臣たちは、その言葉にも常に忠義の念が込められている。ことに命を賭けた合戦に臨むそのとき、男たちはその想いを言葉に託す。みずからを奮い立たせんと発する言葉は、それを聞く多くの将兵たちをも奮い立たせるだけの力を持っている。

賤ヶ岳の七本槍のひとりに数えられ、豊臣恩顧の武将として知られる。しかし江戸開府後は、徳川家から疎まれ、水害で破損した広島城の石垣を幕府に無断で修繕したことが咎められて広島50万石から川中島の4万5000石へと大幅な減封に遭った。これを憂えた家臣に対して正則が語ったのが「我は弓なり――」である。自分は弓であり、乱世では活躍するが、泰平の世では無用となるから、川中島の蔵にしまわれるのだ、という意味である。

本多忠勝

死にともな　嗚呼死にともな　死にともな　深きご恩の君を思えば

福島正則

我は弓なり、乱世の用なり

本多忠勝の辞世の句として伝わる。主君・家康から受けた恩を想うと、まだ死にたくない、という意味だ。徳川四天王のひとりに列せられ、関ヶ原の戦いでも東軍にその姿があって家康への忠義ぶりを見せつけた。しかし忠勝が死の床についた慶長15（1610）年は、江戸幕府こそ成立しているものの、まだ豊臣家の存在が大きく、徳川家は安泰とはいいきれない情勢下だった。それを盤石《ばんじゃく》なものにしきれなかった未練が、この句に滲んでいる。

主君を支える名臣たちの

金のみで人は動くにあらず
大谷吉継

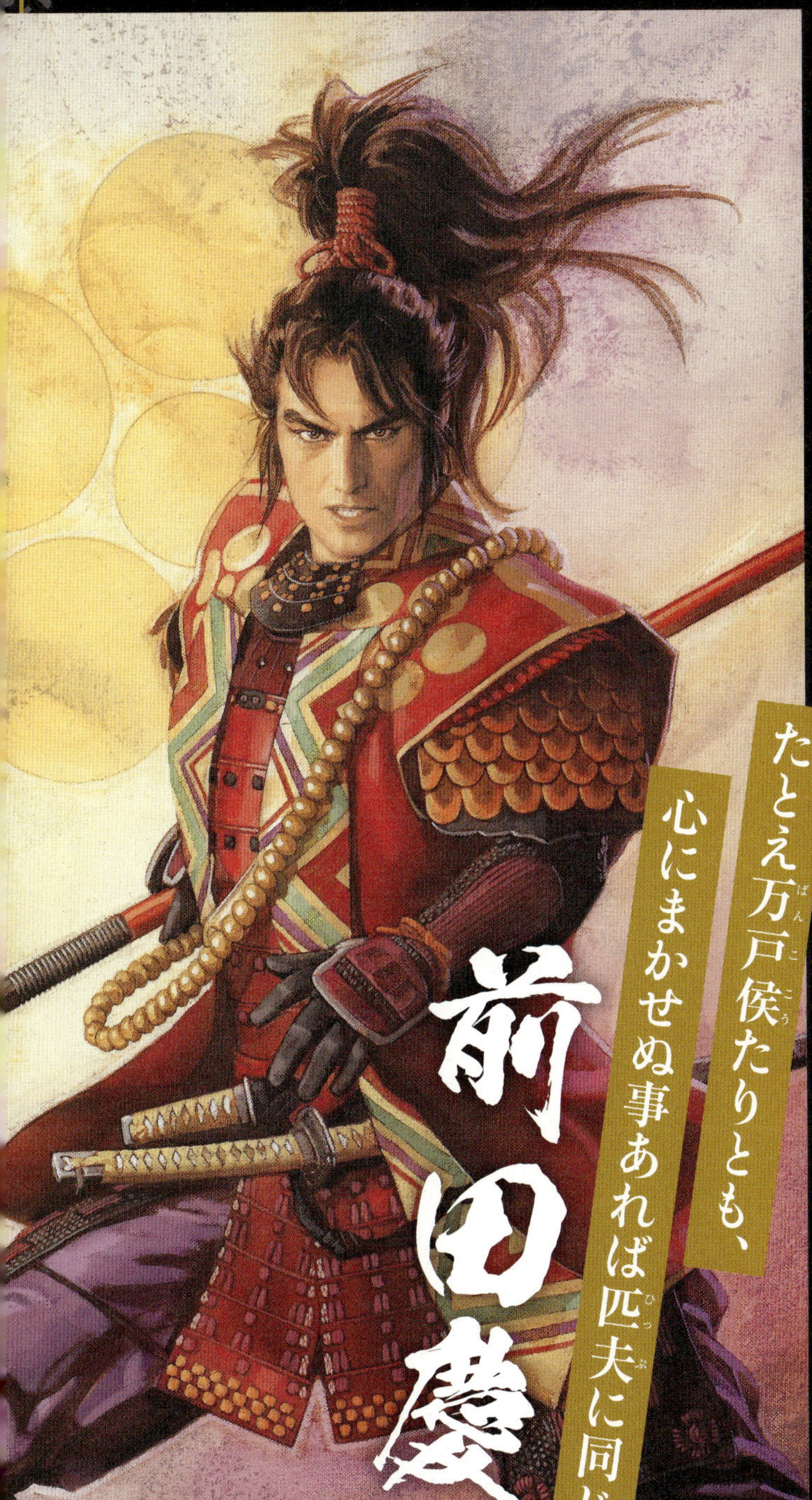

たとえ万戸侯《ばんここう》たりとも、心にまかせぬ事あれば匹夫《ひっぷ》に同じ、出奔せん
前田慶次

前田慶次《けいじ》といえば破天荒な像が浮かぶが、この言葉はまさにそんな人物像を言い表しているといえよう。上杉景勝に仕える以前に前田家から出奔しており、その際、「大領を治める身分であっても、思うように生きられないなら、身分の卑しい者と同じだから、前田家から出奔する」と宣言したという。景勝の家臣である直江兼継と親交を深めたことでも知られ、破天荒でありながら物事の道理を見極める眼力の持ち主であったことが伺《うかが》える。

関ヶ原の戦いを前に、西軍につくよう要請する石田三成に対して、吉継が語った言葉である。文治派の筆頭として豊臣家内で存在感を放った三成は、諸将を西軍に誘い入れる際に様々な報償を約束した。吉継にも同様に接したが、ここで吉継は「人は利益のみで味方するのではなく、相手の人望や能力を見ている。おまえはそのどちらも家康には敵わないが、それでも戦うというなら味方しよう」と、なかなかに辛辣な言葉で要請を受け入れていた。

武士の矜持を全《まっと》うした
死に様こそ誉れ

名将たちの美しい散り際

武士の心得を記した『葉隠』には、
「武士道と云ふは死ぬ事と見つけたり」とある。
その礎は、戦国時代の武将たちが築いたものだ。

画像提供：和歌山県立博物館

武田信玄もその死に様に涙したと伝わる
兄を守った武田信繁

弟として、家臣として、信玄への忠義を貫いた

武田家は、家臣団の結束と信玄への忠義の強さで知られる。そのなかでもとりわけ信玄から篤《あつ》い信頼を寄せられていたのが、弟の信繁《のぶしげ》である。ふたりの父・信虎《のぶとら》が信繁を偏愛するなか、信繁自身は常に兄を立て、信虎の追放後も迷わず信玄への臣従を誓った。信玄が甲斐の虎と綽名《あだな》されるまでになった快進撃の屋台骨を支えていたのが、信繁だったのだ。

信繁の心意気は、死の瞬間まで発揮されていた。それが永禄4（1561）年の第四次川中島の戦いだ。奇襲戦法の裏をかかれて上杉軍に本陣まで攻め込まれた武田軍だったが、それを身を呈して防いだのが信繁である。妻女山《さいじょさん》に攻め入った別動隊が帰着するまでの辛抱、と部下を激励しながら戦い続け、ついに力尽きた。後に信繁の遺体を前に信玄が泣き崩れたのはもちろん、敵将・謙信も信繁の死を悼《いた》んだという。

川中島の戦い

世の趨勢に大きな影を落とすことのない戦いだったが、武田信繁、山本勘助の死に様は武門の誉れといえるものであった。

凄絶な死を遂げた武田家の老将

軍師・山本勘助の最期

策士、策に溺れ、己の不明を恥じて奮戦する

勘助《かんすけ》は三河国の出身とされ、20歳で武者修行に旅立ち、30歳で今川家に仕官すべく駿河《するが》国に身を寄せるも、それが叶わないまま長年の浪人生活を送っている。しかし兵法《ひょうほう》家としての名声が次第に広まり、信玄の重臣・板垣信方《いたがきのぶかた》の推挙で天文12（1543）年に武田家に召し抱えられた、遅咲きの武将だ。その後、勘助は次第に軍師としての頭角を現し、武田家家臣団において比肩する者のない存在となっていく。

第四次川中島の戦いでは、信玄にいわゆる「啄木鳥《きつつき》戦法」を献策している。これは勘助にとっては必勝の作戦だったが、その策を謙信に先読みされ、別動隊が上杉軍本陣のある妻女山に押し入った際には、逆に謙信が武田本陣に迫ろうという状態だった。それに責任を感じた勘助は、信玄を救うべく死を覚悟で上杉軍に突撃。無数の槍に貫かれ、凄絶な最期を遂げた。

流浪のときを長く過ごした不遇の逸材

後藤又兵衛の男気

請われて参じた大坂城を死に場所に定めた覚悟

後藤又兵衛は、運のない男であった。黒田官兵衛の譜代の臣で、関ヶ原の戦いでは東軍に与するなどしたが、官兵衛死後の慶長11（1606）年に一族揃って黒田家を出奔《しゅっぽん》。その後は主君筋に恵まれず、不遇のときを送っている。しかし徳川家と豊臣家の決裂が決定的となった慶長19（1614）年に豊臣方の大野治長《はるなが》に誘われ、大坂城に入城。これは、劣勢を承知ながら大恩に報いたいという又兵衛の男気がさせたことだろう。

家康も長宗我部《ちょうそかべ》盛親《もりちか》や毛利勝永《かつなが》、真田幸村ら大名格3人に並ぶ戦力として、又兵衛を警戒したという。慶長20（1615）年の夏の陣では西進する徳川軍を国分村で迎え撃ったが、友軍の到着が遅れるなか10倍の敵勢を相手に果敢に挑み、討死した。

織田信長に仕え、信長とともに果てた若武者

森蘭丸、本能寺に散る

是非もなき明智軍を相手に鬼神のごとき奮闘を見せる

一般に、森蘭丸《らんまる》というと、織田信長に寵愛された眉目秀麗《びもくしゅうれい》な少年、といったイメージがついて回る。信長に寵愛されて近習《きんじゅう》に取り立てられたのは事実だが、実際は身の丈6尺（約180センチ）にも達しようという偉丈夫だった、という説もある。

そんな蘭丸であるから、ついに信長が最期のときを迎えようとしていた天正10（1582）年の本能寺の変でも、信長が切腹する時間を稼ぐために槍を手に飛び出し、押し寄せる明智軍の兵を相手に獅子奮迅《ししふんじん》の働きをした。

しかも、早く腹を切ってほしい信長が得物を手に応戦しているから、蘭丸は容易《たやす》く討死するわけにいかない。鬼神のごとき形相で明智兵を薙《な》ぎ払い、信長が切腹のため本堂の奥に籠もったのを見届けてから、討たれたという。

決断、清水宗治の切腹

みごとな最期がその後の切腹の手本となった

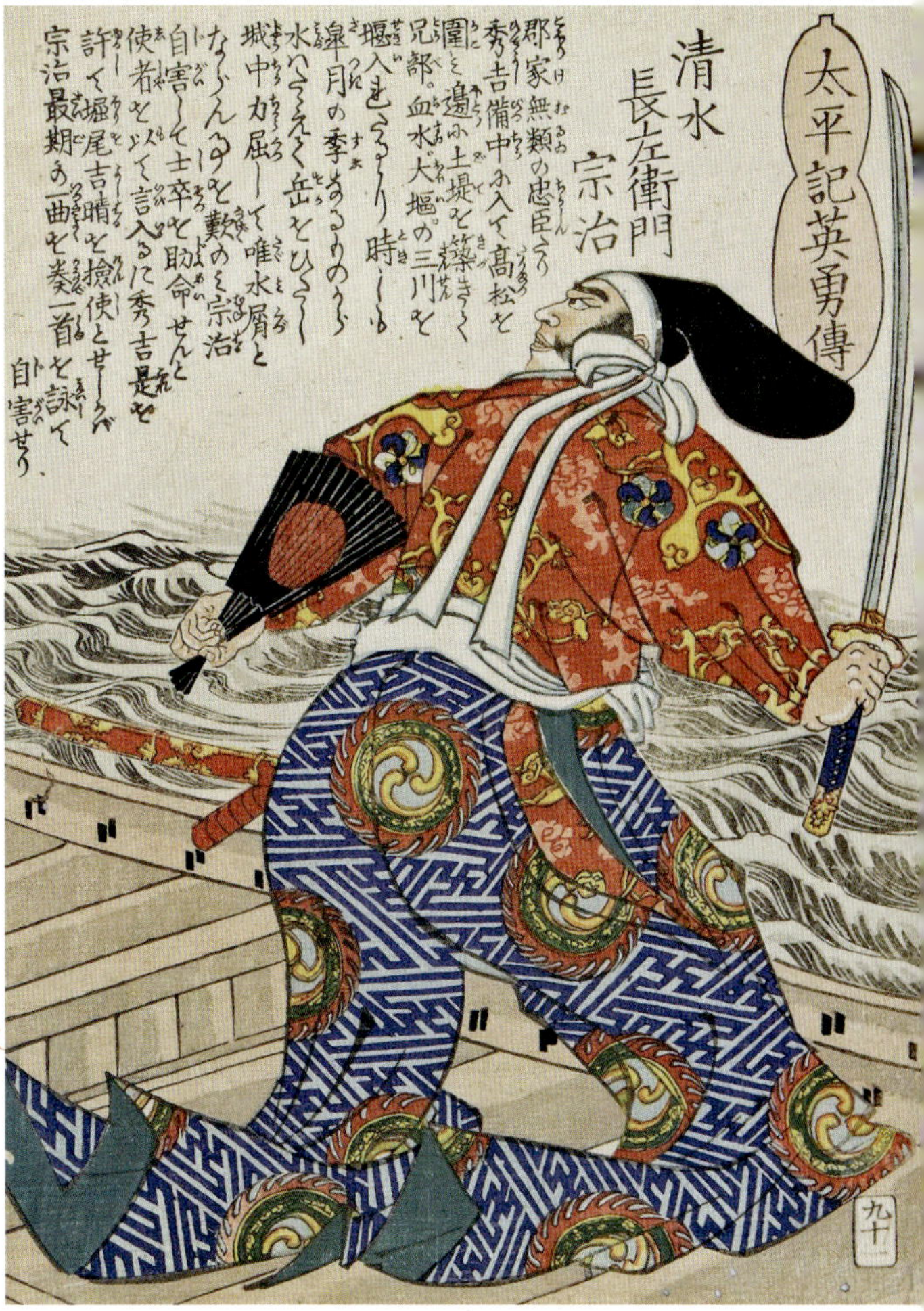

飢餓に苦しむ兵を救うため潔く腹を切った不運の将

清水宗《むね》治《はる》といえば、やはり秀吉に水攻めされた備中《びっちゅう》高松城での切腹に尽きる。秀吉の中国攻めにおいて、宗治は主君である毛利輝元の率いる援軍が到着するのを待ち籠城戦を選択。秀吉に随伴した軍師・黒田官兵衛の献策により水攻めが行なわれると、城内まで水が流れ込んできて、清水勢は一気に志気が低下した。救援に駆けつけた毛利勢も、すでに周囲が水没した高松城に合流することができない。

本能寺の変を知った秀吉は宗治の切腹を条件に講和を持ちかけた。こればかりは受け入れられない毛利輝元だったが、当の宗治が「自分の首ひとつで城内の兵の命が助かるなら安いものだ」とその条件を受け入れ、城から小舟で乗り出して見事な切腹を遂げたのだった。

浅井長政の苦悩

愛する妻と娘を敵将に託し、城を枕に討死する

義兄・信長との決戦で覚悟の籠城戦に臨む

天正元（1573）年8月下旬、小《お》谷《だに》城に籠る浅井長政は、織田信長の軍勢3万を前に劣勢を覆せなかった。

代々にわたって浅井氏と懇意《こんい》であった朝倉氏に兵を寄せた信長に反旗を翻《ひるがえ》したものの、それ以前は浅井氏と織田氏は蜜月関係にあり、長政の愛する妻・お市の方は信長の実の妹だ。そのお市の方も、いまは3人の娘とともに小谷城に籠る。

長政としては、武士の矜持《きょうじ》は保ちたいが、妻子を道連れにするのは忍びない。そこで、信長軍に一日の休戦を申し入れ、お市の方と娘3人の身柄を信長軍に引き渡した。もはや勝機なしと悟っての、最後の情である。

翌日、合戦が再開されて織田軍の総攻撃に曝《さら》されるなか、長政は家臣らとともに切腹して果てたのだった。

第1章

戦国武将を支えた最強軍団

軍事力、結束力、忠誠力、開拓力、情報力。この5つの部門で戦国時代を駆け抜けた家臣団を評価。個人評価ではわからなかった家臣団の真の実力が見えてくる。

戦国武将を支えた家臣団の実力ナンバーワンは？

群雄割拠の戦国時代。己の領地を守るため、ある時は家臣団を引き連れ戦場に赴き、ある時は領国経営に邁進している。

そんな時代を生き抜いた戦国武将たちだが、ひとりの力だけで大義をなしてきたわけではない。その戦国武将の周囲には、常にサポートをしてくれる家臣団がいる。

軍事では、戦に長けた猛将、作戦を立案する智将、兵站《へいたん》輸送を滞りなく差配することが得意な能吏《のうり》などが揃うことで、合戦での勝利が見えてくる。

さらに、行政を専門とする奉行衆や文官などの吏僚《りりょう》がいてはじめて、安定した領国経営を行なうことができる。

そこで、そんな戦国武将を支える家臣団を「**軍事力**」「**結束力**」「**忠誠力**」「**開拓力**」「**情報力**」の5項目、各項目20点満点で採点してみた。

採点をするのは、仕事として歴史に向き合っている歴史ライターや歴史雑誌編集者を中心に、歴史マニアや歴史女などの歴史ファン、歴史通を自認する総勢20名。

「**軍事力**」は、個人の戦闘力はもちろん、兵の動員力、兵器の調達力や革新

戦国家臣団 最強 RANKING

順位	家臣団名	点数	寸表	紹介ページ
第1位	織田家臣団	86.4点	総じて評価は高いが、意外にも情報力が伸びていない。本能寺の変で奇襲を受けてしまい自刃したのがその要因かも。	▶P18
第2位	豊臣家臣団	85.1点	平均的に高得点だが結束力がやや低かった。死後、武闘派と文治派の対立が豊臣家の滅亡を招いたからだと思われる。	▶P26
第3位	徳川家臣団	84.8点	大本命かと思われたが、軍事力と情報力がいまひとつ。本多忠勝や井伊直政を擁しながら軍事力が伸びなかった。	▶P34
第4位	武田家臣団	84.6点	開拓力さえ低くなければ断トツの第1位だった。当初、海を求めて太平洋ではなく、日本海へ向かったのが悔やまれる。	▶P50
第5位	毛利家臣団	77.9点	ずば抜けた高得点がない代わりに、ずば抜けた悪い評価もない。元就は、身の程をよくわきまえた戦国武将だったのかも。	▶P56
第6位	上杉家臣団	71.1点	軍事力と忠誠心が突出している分、他の項目が低く感じてしまう。後継者問題「御館の乱」が結束力を下げたのが原因か。	▶P62
第7位	伊達家臣団	70.4点	情報力以外はおおむね評価が高い。片倉景綱をはじめ伊達成実《しげざね》や鬼庭良直（左月斎）など優秀な家臣に恵まれたお陰か？	▶P84
第8位	島津家臣団	69.4点	戦国最強の4兄弟の人気があまりにも高い。新納《にいろ》忠元など優秀な家臣も多いのだが、如何せん影が薄い。	▶P88
第9位	真田家臣団	69.0点	2度の上田合戦で徳川家を翻弄している割には軍事力の評価は伸びていない。ただ忠誠心の評価は断トツに高い。	▶P92
第10位	石田家臣団	68.9点	「人たらし」の優秀な家臣も、自身は人たらしになれなかった。ただ、島左近などの優秀な家臣のおかげで高評価されている。	▶P94
第11位	明智家臣団	65.9点	「本能寺の変」後の動きが情報力の評価を下げた要因か。しかし、名の知られた家臣も多く、忠誠力は高評価を得ている。	▶P96
第12位	黒田家臣団	57.2点	父・官兵衛の家臣団なら、もっと上位に食い込めたか。家臣団の多くは父の代から仕えるも、長政の評価につながらなかった。	▶P98
第13位	長宗我部家臣団	57.1点	四国の覇者にしては軍事力の評価が低い。また嫡男・信親の死後に起こった家督継承問題が評価を下げることとなった。	▶P100
第14位	大友家臣団	56.8点	家臣団には、高橋紹運《じょううん》、立花道雪・宗茂、吉弘統幸《むねゆき》など有力な武将が多い。それでも評価が低いのは当主・宗麟のせいか。	▶P104
第15位	尼子家臣団	55.9点	尼子家の家臣といえば、尼子家再興をめざして戦った忠臣・山中鹿介《しかのすけ》。そのため尼子家の評価＝鹿介かもしれない。	▶P106
第16位	北条家臣団	54.4点	北条氏の最大版図を築いた氏政だが、その評価は低い。小田原評定を繰り返すだけでは家臣の心は次第に離れていく。	▶P108
第17位	今川家臣団	45.4点	対戦相手が悪かった。たった一度の負けっぷりが家臣団の評価さえ下げてしまう。永遠の敵役を当主に持った家臣は辛い。	▶P110
第18位	龍造寺家臣団	44.5点	肥前の熊と恐れられた隆信は冷酷な一面が家臣の離反を招いた。家臣の評価もその影響か、軍事力以外は軒並み低い。	▶P111

性、戦術力、作戦立案力、居城の防御力。また実戦経験やその勝敗。窮地に陥ったときの逆境力。さらには獲得領地の広さなど、軍事に関するあらゆる条件を考慮して採点。

「結束力」は、家臣団同士の仲間意識。兄弟親類縁者の仲の良さ。部下との信頼関係を築き軍団をまとめる組織力。さらには男同士の恋愛・衆道での結びつきなども考慮した。

「忠誠力」は、上司に対する忠誠心や尊敬心。反旗を翻した部下の有無。さらに、命がけで主君を守れる部下がいるかどうかも考慮してみた。

「開拓力」は、食料生産能力を高める土地開発力はもちろん、領国経営の政策力や将来のヴィジョンがあるのか。貿易を通じて振興する交易力や領国を潤すための商業振興力を有しているのか。さらには、領地を通る街道や港の有無による、流通での経済力の強化。また温暖であることや自然災害が少なく、農業生産力などに直結する領地の気候までも熟慮。

「情報力」は、忍びや山伏、僧侶や商人を用いた情報収集能力。他国の動静をいち早く知るための同盟外交力。敵対する相手の動向を読み、有力家臣をいち早く仲間に引き入れる謀略力なども考慮した。

第1位

天下をめざした織田家臣団

軍団としての戦闘力は高くなかったが革新性と計画性で他を凌駕していた

織田信長は、家臣の首を斬ることさえ躊躇しなかった。その苛烈な性格からある意味では家臣団に対して恐怖政治を行なっていたが、それが結果的には軍団の質を高めていた。

信長プロフィール

天文3(1534)年5月12日、尾張生まれ。尾張下4郡の領主から桶狭間の戦いの勝利で飛躍。やがては上洛を果たし、信長包囲網との戦いを打破して、天下布武への道を邁進していた。天正10(1582)年6月2日本能寺の変で死去。享年49。

織田家臣団の評価

軍事力
個々の戦闘力よりも軍団編成で高評価

結束力
結束は主君信長への恐怖で保たれた

忠誠力
忠誠の破綻は本能寺の変で証明された

開拓力
鉄砲の導入など信長の能力が高かった

情報力
梁田政綱など情報専門の家臣もいた

合計 86.4

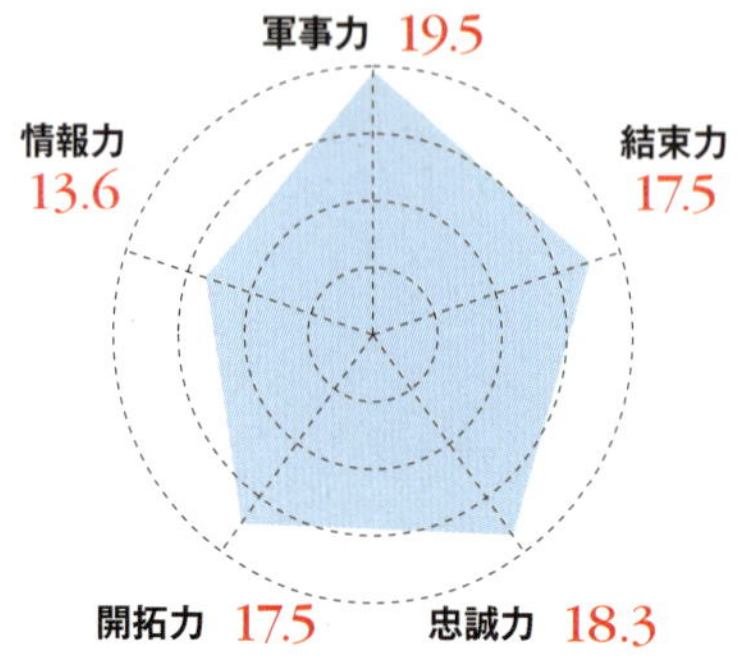

軍事力 19.5
結束力 17.5
忠誠力 18.3
開拓力 17.5
情報力 13.6

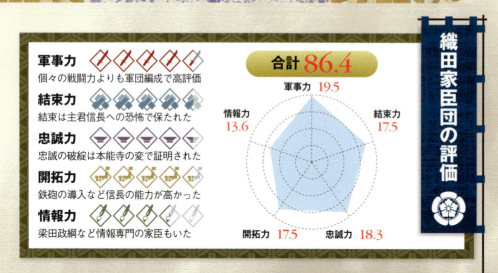

織田軍団編成図

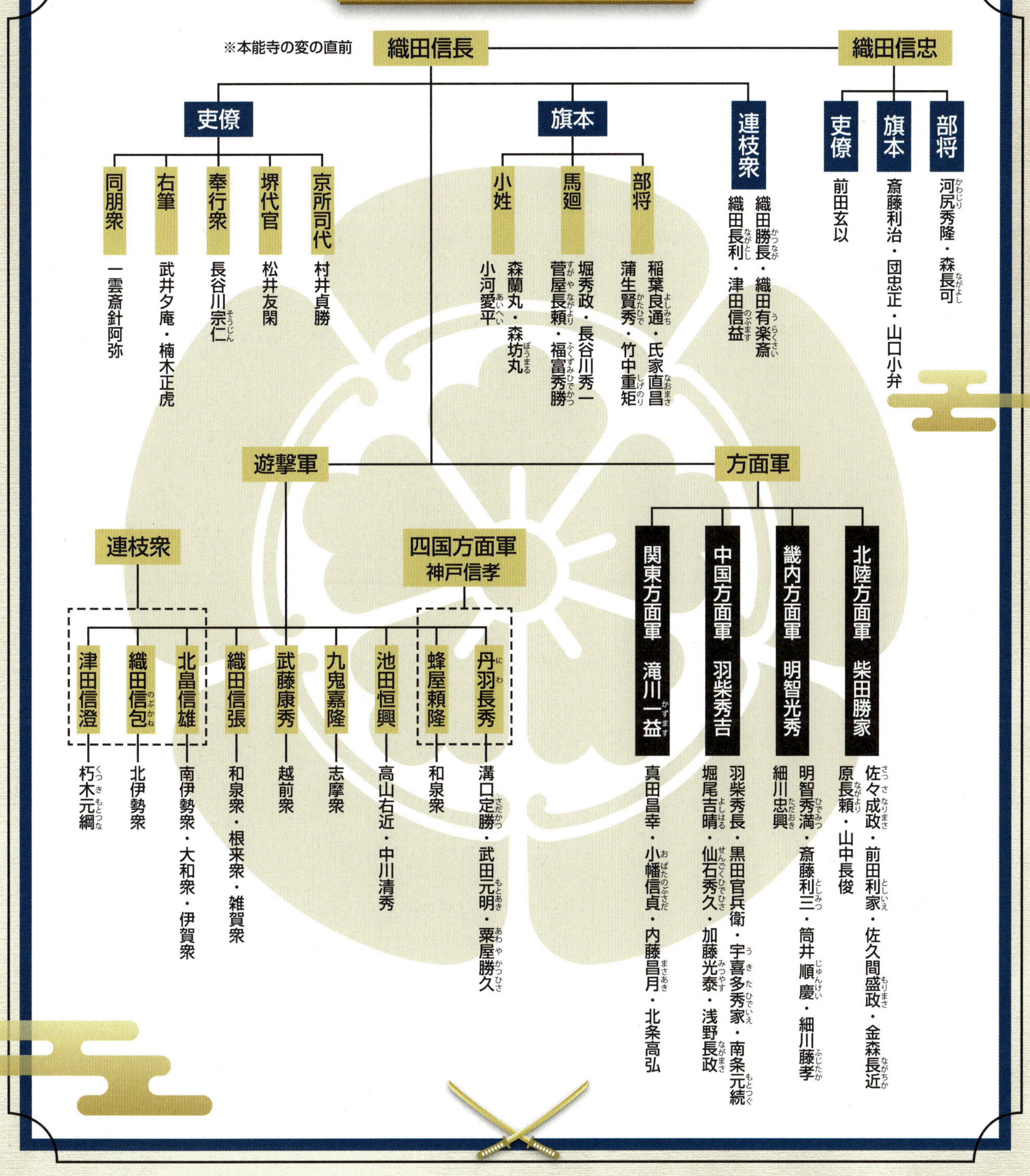

軍団の部隊長から兵に至るまで信長の指揮下にあった

織田《おだ》信長《のぶなが》は他の戦国大名に比べ、革新的な家臣団の編成を行なった。それまでは家臣たちに領地を与え、その石高に応じて賦役《ふえき》を課すことで軍団を編成していた。家臣たちは自分の領地から農民などを集め、それが軍団を支えていた。しかし信長は専業武士団の編成に着手し、それを自分の直轄兵として育成。戦があると状況に応じて、重臣たちに付与する方法を取った。

信長が上洛を果たして領土が拡大する時期になると、戦線は多方面に広がるようになった。そのため、重臣たちが大軍団を指揮する状況も生まれる。しかし信長は、重臣にそれだけの軍団を持たせるのではなく、自分の直轄武士団から与力として、その重臣に従属させる方法を取った。例えば、北陸で転戦した柴田勝家《かついえ》の下で働いた前田利《とし》家《いえ》、佐々成政《さっさなりまさ》、佐久間盛政《もりまさ》などはすべてが与力で、直接命令権は常に信長の掌中にあった。

結果的に信長の重臣は、主君を脅かし下克上に至るまでに巨大化することはできなくなっていた。そこまで改革を行なった信長が、最後は家臣の裏切りに倒れたのは皮肉である。

織田軍団の飛躍に尽力した譜代の家臣はいずれも傑出した武将として成長した

うつけを支えた漢たち

幼い頃から仕えた家臣に支えられて尾張統一を果たす

尾張《おわり》下4郡を領する戦国大名・織田信秀《のぶひで》の嫡子として成長した信長は、少年時代からうつけ者との評判を取っていた。奇抜な衣装で城下を練り歩き、悪童どもを束ねて合戦ごっこにうつつを抜かす。家臣団の中には嫡子の器にあらずと断を下す者も多かった。しかし、そのうつけ者が天文《てんぶん》16（1547）年の初陣となった吉良・大浜の戦いでは、傅役《もりやく》であった平手《ひらて》政秀《まさひで》の諫めを聞き入れず、敵軍を火攻めで混乱させ、鮮やかに退却するという指揮ぶりを見せた。ただの馬鹿なのか、英傑の才覚を秘めているのか、家臣たちは判断しかねることとなった。

この時期、信長の家臣といえるのは、政秀しかいなかった。しかし、天文20（1551）年に父・信秀が急死すると、一気に家臣たちの旗幟《きし》が鮮明となる。重臣筆頭だった政秀が追腹を切って果てると、信秀の譜代の宿老だった柴田勝家や林秀貞などは、聡明さが評判の弟・信行《のぶゆき》を担いで、信長の相続を阻止しようとした。この時、信長を担いだのは森可成《よしなり》、佐久間信盛、前田利家、池田恒興《つねおき》、丹羽《には》長秀《ながひで》など。これらの家臣が、信長にとっては譜代家臣の第一号といえる。

信行との稲生《いのう》の戦いに勝利すると、信長は敵軍の主力となっていた勝家や秀貞などを許した。後に見られるような果断さはまだなく、一度裏切った者でも利用し尽くす合理主義が前に出ている。

織田家の家督を相続した信長は、尾張統一の戦いに邁進。天文23（1554）年には叔父の織田信光《のぶみつ》と結託して、主家筋である守護代家の織田信友《のぶとも》を追放、清洲《きよす》城を手中にした。さらに上4郡を支配する織田信賢《のぶかた》を浮野《うきの》の戦いで破り、尾張統一をほぼ果たすこととなった。

最大の危機、桶狭間では織田軍団の情報力で勝利

この時期には滝川一益《かずます》や木下藤吉郎《とうきちろう》（後の豊臣秀吉）などが信長に仕官。有能な将士は出自にかかわらず採用し、織田軍団は飛躍を続けていた。しかし、小姓時代から信長に仕えた最も古い家臣のひとり、前田利家が逃走するという事態にも遭っている。突如として同僚を殺害し、信長もかばいきれずに追放処分としたのだ。

永禄《えいろく》3（1560）年5月には、織

信長家臣の逸話❶

信長を咎めるため自刃した政秀

平手政秀は織田信秀に仕えた重臣だったが、嫡子・信長の傅役として教育係を務めた。家臣の多くは信長のうつけぶりに手を焼いたが、政秀のいうことだけは聞いたとの逸話もある。信秀が急死すると、政秀は改まらない信長の態度を諫めるために切腹。信長は政秀の遺体を抱いて号泣し、以後はうつけぶりを見せることはなくなったと伝えられている。まさに、信長にとっては最大の功臣だった。

平手政秀の墓

名古屋市千種区の平和公園内にある平手政秀の墓所。

桶狭間の戦い

当時、前田利家は織田家から逃走していたが、桶狭間には駆けつけ、その後戦功を挙げて復帰を許されている。

田軍団にとって最大の危機が訪れる。駿《すん》遠《えん》三《さん》の太守・今川義元《よしもと》が総勢3万の大軍で尾張に侵攻してきた。信長はこれを奇襲戦法で迎撃し、桶狭間の戦いで義元を討ち取った。この手柄第一等とされたのが梁田《やなだ》政綱《まさつな》で、一説では情報戦に長けた政綱が間者を四方に放ち、義元の本陣の位置を正確に把握し、信長に奇襲を進言したとされている。戦働きだけではない家臣の能力を、信長は最大限に利用していたということとなる。

今川義元に勝利した信長は、2年後には岡崎城を支配下に置いた徳川家康《いえやす》と清洲同盟を結んだ。東方の脅威をなくしておいて、いよいよ美濃《みの》攻略に乗り出す。本拠を清洲から美濃に近い小牧山城へと移転させ、近江の浅井長政《ながまさ》に妹・市を嫁がせて同盟関係を築いた。

この時期、家臣のなかで頭角を現していくのが、木下藤吉郎だった。『太閤《たいこう》記《き》』などでは美濃との境にある墨俣《すのまた》築城が語られる藤吉郎だが、美濃方面に調略の手を伸ばし、国境を流れる木曾川の川並《かわなみ》衆であった蜂須賀正勝《はちすかまさかつ》(小六)などを織田方に引き入れている。蜂須賀正勝は秀吉の股肱《ここう》の家臣のように描かれるが、信長の直系の家臣で与力として秀吉に仕えたにすぎない。

また、それまで重臣でもなかった滝川一益がこの時期、突如として北伊勢攻略の司令官となった。信長の家臣の使い方が、能力重視であったことがよくわかる逸話だ。

さらに、美濃の豪族たちにも調略の手を伸ばす。西美濃三人衆と呼ばれた稲葉一鉄《いってつ》、安藤守就《もりなり》、氏家卜全《うじいえぼくぜん》などを家臣とし、信長軍団の中核として活躍の場を与えることとなる。永禄10(1567)年になって、信長はついに美濃の稲葉《いなば》山城を攻略し、ここに本拠を移して岐阜《ぎふ》と改名した。

織田家を支えた傾奇者 前田利家

天文7(1539)年12月25日尾張生まれ。槍の又左として織田軍団で活躍し北陸を転戦、豊臣政権では五大老にまでなった。慶長4(1599)年閏3月3日死去。享年61。

画像提供：東京大学史料編纂所所蔵模写

主君に対する恐怖によって家臣たちが忠勲した魔王

覇王に仕える苦悩

足利義昭を奉じて上洛し覇王から魔王へと変わる

岐阜城に拠点を変えた織田信長は、その時期から天下布武《ふぶ》の刻印を使い始めた。一戦国大名に留まらず、天下をめざす意志がこの時期に生まれたのだ。永禄11（1568）年になって、越前に逼塞していた足利義昭《よしあき》の使いとして、明智光秀《あけちみつひで》が岐阜を訪れた。義昭を報じて上京し、畿内を席巻する三好一族を討伐して欲しいという要請だった。信長はこれで、上洛戦を行なう大義名分ができたと快諾。

直ちに大軍を発して近江《おうみ》へ侵攻し、観音寺城で六角承禎《じょうてい》を撃破。京に入ると足利義昭を15代将軍として擁立し、休む間もなく畿内の平定戦に取りかかる。畿内は三好三人衆（三好長逸《ながやす》・三好政康《まさやす》・岩成友通《いわなりともみち》）の地盤だったが、摂津《せっつ》の荒木村重《むらしげ》、池田勝正《かつまさ》。大和の松永久秀（弾正）、丹波の波多野秀治などが恭順し、信長はその軍団をさらに拡大させ、畿内に地盤を伸ばした。

この時期、元からいる家臣では蜂屋《はちや》頼隆《よりたか》や塙《ばん》（原田）直政を重臣として起用し、軍団を任せるようになった。また、村井貞勝《さだかつ》、武井夕庵《ゆうあん》、松井友閑《ゆうかん》などの文官を重臣として扱い、朝廷対策や民事などの奉行に任じている。また、足利義昭との仲を取り持った明智光秀、細川藤孝《ふじたか》も家臣とし、領内からは堀秀《ひで》政《まさ》、蒲生氏郷《がもううじさと》、万見重元《まんみしげもと》などの若者を発掘するなど、信長は常に家臣団の育成に腐心していた。

信長の天下布武への道は順調だったが、元亀《げんき》元（1570）年に躓《つまず》くこととなる。越前の朝倉義景討伐をめざし敦賀まで攻め込んだところで、これまで同盟軍として信長に与していた北近江の浅井長政が、突如として信長に反旗を挙げたのだ。挟撃の危機に陥った信長は、かろうじて京まで逃走する。

上洛した時期から、信長はその苛烈で冷酷な性格を表すようになっていた。仕事で粗相のあった侍女や中間をその場で斬り捨て、武将たちの所領も容赦なく取り上げた。そのため家臣は信長を恐れるようになり、裏切りや離反が相次いでいくこととなる。浅井長政の反逆は、それを予兆させるものだった。

ここでも信長は屈しなかった。軍団を再整備して6月に浅井・朝倉連合軍と姉川で戦い勝利。8月には摂津で再び挙兵した三好三人衆を追い詰めるが、今度は石山本願寺が信長に対して決起。さらに、浅井・朝倉軍が南志賀まで侵攻してきて、守備していた重臣・森可成が戦死するという悲劇に見舞われる。同時期、伊勢の長島でも一向一揆《いっこういっき》が起こり、その討伐戦で実弟の織田信興《のぶおき》や重臣の氏家卜全が戦死。本願寺が画策した信長包囲網によって、軍団は大きな被害を受けることとなった。

この信長包囲網を境に、信長の性格は大きく変わったように感じられる。何家臣の忠言を聞くことはなくなり、何事にも独断専行で命令した。元亀2（1571）年9月12日の比叡山焼き

織田信長飛躍の出発点となった清洲城の模擬天守。

高野山へ追放された 佐久間信盛

画像提供：犬山城白帝文庫

大永8（1528）年尾張生まれ。信長の股肱の重臣だった。本願寺攻めを任されたが、戦後その不行跡を咎められて追放された。天正10（1582）年1月16日死去、享年55。

信長家臣の逸話❷

信長が寵愛した小姓・万見重元

織田信長が美童を愛して、小姓として重用したのは広く伝えられているが、その代表といえば、やはり本能寺で信長に殉じた森蘭丸。しかし、最も愛した小姓として知られているのは蘭丸ではなく、万見重元《まんみしげもと》だった。信長は常に身近に置き、天正6（1578）年頃には畿内で奉行の役を与えていた。将来が嘱望されていたが、荒木村重の有岡城攻めで戦死し、その後釜になったのが森蘭丸だ。

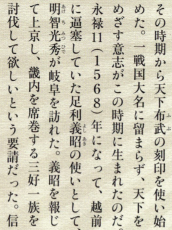

本願寺攻め
巨大な城郭を築き上げていた石山本願寺は、毛利輝元などの後ろ盾もあり、10年にわたって抵抗した。

信長に反旗を翻す
松永久秀

永正5（1508）大和生まれ。三好長慶《ながよし》の重臣で、長慶の死後は足利幕府と戦い、後に信長に恭順。しかし、2度も裏切り天正5（1577）年10月10日信貴山城で焼死。享年70。

討ちでは、佐久間信盛や武井夕庵らが必死になってこれを諫《いさ》めたが、信長はそれを無視。全山の老若男女を殺したため、魔王と恐れられるようになっていく。

信長の性格に恐れをなした新加入の家臣たちが離反

元亀3（1572）年11月には、信長包囲網に参加した甲斐《かい》の武田信玄《しんげん》が、大軍を率いて西上作戦を開始した。信長は同盟を結ぶ徳川家康の援軍依頼を受けたが、佐久間信盛、平手汎秀《ひろひで》など3000の兵を送るのがやっとだった。12月22日の三方ヶ原《みかたがはら》の戦いで徳川軍は大敗し、汎秀が戦死。信長は最大の危機を迎えたが、翌年初頭に信玄が急死してしまう。

当面の危機は脱したが、大坂では石山本願寺との過酷な戦いが続いていた。

この時期、信長は軍団の編成替えに着手し、一部の重臣たちに大名並みの領地を与え、一方面の軍団の指揮を執らせるようになった。柴田勝家や滝川一益、佐久間信盛、織田信忠《のぶただ》などが該当する。

天正《てんしょう》元（1573）年になると、信長は一気に攻勢に出る。徳川家康の援軍を受けて、浅井長政の小谷《おだに》城に襲いかかる。そこで救援に出てきた朝倉義《よし》景《かげ》を追撃し、まずは越前《えちぜん》一乗谷《いちじょうだに》城を攻略。続いて小谷城も落城させ、長年の宿敵を一掃した。さらに、天正2（1574）年から翌年にかけて、長島一向一揆の鎮圧、長篠《ながしの》の戦いでの勝利など、再び信長は勢いを盛り返す。

しかし、大坂で抵抗する石山本願寺は制圧できず、戦いの過程で見せつけた信長の果断さに対する怨念が家臣たちにくすぶりだし、一旦は信長の麾下《きか》に入った者たちの離反が相次ぐようになる。丹波の有力豪族だった波多野《はたの》秀《ひで》治《はる》が離反し、播磨でも別所《べっしょ》長治《ながはる》が毛利輝元《てるもと》の調略を受けていた。さらに一度は裏切り、降伏していた大和の松永久《ひさ》秀《ひで》が再び謀反。信長は大軍でその信貴《しぎ》山《さん》城を攻めるが、久秀は今度は降伏しなかった。降伏しても斬られることを悟った久秀は、家宝の『平蜘蛛茶釜《ひらぐもちゃがま》』とともに焼死した。

本郷チェック 信長に仕える気苦労

信長家臣団の評価は「忠誠力」が高すぎるんじゃないですか？　柴田勝家、松永久秀、荒木村重らに裏切られ、最終的に明智光秀に殺されちゃった。家臣じゃないけど浅井長政にも裏切られてる。ただ池田恒興や前田利家といった幼少期からともに過ごした家臣が忠誠心の評価を高めたかも。

戦国大名は他国の人間を信用するなというのと世襲というのが当時は大原則だった。しかし織田家臣団は世襲を否定して生まれたといっても過言じゃない。信長は他国の者も家臣として重く用い、それで世に出たのが羽柴秀吉や明智光秀、滝川一益だった。また、一旦離反しても勝家みたいに能力があれば再就職も許すし、前田利家などは切腹ものの事件を起こしながら放逐で済まされ、手柄を立てると許された。だから「結束力」の評価が高いのかもね。

ただ、信長の人間を測る物差しは戦働きが基本で、官僚タイプの家臣も一度は戦場に送り込まれるんです。そして生きて帰った者を重用する。家臣にすればいい迷惑だし気苦労も絶えない。おかげで軍事力は強くなり、評価も高い？

能力のある者を厚遇し、ない者は切り捨てる非情の人事

破綻した能力主義

武田家を滅ぼしてついに天下を掌中にしかかった

天正6（1578）年に入ると、信長の勢力はますます増大する。それに伴い軍団も膨張し、信長は各方面に軍団長を定め、与力をつけて戦いの総指揮を執らせることになった。北陸では上杉景《かげ》勝《かつ》との戦いに柴田勝家、丹波《たんば》から丹後の攻略では明智光秀、中国路で毛利輝元と戦うのは羽柴秀吉、石山本願寺に対しては塙直政など。

各軍団長は信長の要求に応えて遮二無二戦ったが、本願寺との戦で塙直政が戦死。さらに、播磨《はりま》の別所長治が本格的に謀反し、摂津では一方面の総大将を任じていた荒木村重までが謀反してしまう。しかし、信長はそれらの鎮圧にも方面軍の指揮官を当たらせ、それ以上の余剰の兵力を抱えるまでになっていた。そして、これらの方面軍指揮官がそれぞれ勝ち進み、信長の版図はますます拡大していく。

天正8（1580）年には、長年の宿敵だった石山本願寺もついに降伏。地方の方面軍では柴田勝家が越中《えっちゅう》まで攻め込み、羽柴秀吉は因幡《いなば》から備前《びぜん》にまで軍を進めていた。そこで信長は、家臣たちを驚愕させる人事を行なった。これまで軍団の中核となっていた佐久間信盛、林秀貞、安藤守就《もりなり》などを突如として追放。秀貞に対しては、信長が家督を継いだ時期の稲生の戦いの罪を咎めるという、徹底した難癖だった。

そして信長は、天正10（1582）年に入るといよいよ、武田征伐の軍を起こす。この武田征伐には滝川一益、丹羽長秀、明智光秀などが参陣し、ついに武田勝頼《かつより》を天目山で討ち取った。その結果信長は、甲斐方面を河尻《かわじり》秀隆《ひでたか》に与え、信濃《しなの》から上野《こうずけ》方面を滝川一益に与えて、北条氏政《うじまさ》との戦いの軍団指揮官とした。

重臣の裏切りで挫折した信長の天下統一の覇業

武田家の遺領を加えたことによって、信長は日本の中央一帯を支配することとなった。四国で版図を拡大している長宗我部《ちょうそかべ》元親《もとちか》を討伐するために、丹羽長秀に命じて討伐軍の編成を急がせる。ついに信長は、天下統一を手にしかかっていた。

その時期、中国路で戦っていた羽柴秀吉（後に豊臣秀吉）が高松城の水攻めで、毛利本隊と対峙していた。秀吉が信長に救援要請してきたので、信長は自らが毛利征伐に出陣することにした。明智光秀や細川藤孝、池田恒興などに中国路に向かうように指示し、自らも馬廻《うままわり》だけを連れて安土から京へ向かった。同じく嫡男の織田信忠も、わずかな軍勢で京へ入った。

信長から備前へ向かうことを指示さ

本能寺の変で裏切り
明智光秀

享禄元（1528）年美濃生まれ。信長に仕えて丹波、丹後の攻略で大名にまで立身。歌道にも優れた一流の文化人でもあった。天正10（1582）年6月13日死去。享年55。

本能寺攻め

信長の自決の時間を稼ぐために、獅子奮迅に戦う森蘭丸。この蘭丸の奮闘で、信長の首は敵に取られなかった。

関東で戦った戦略家
滝川一益

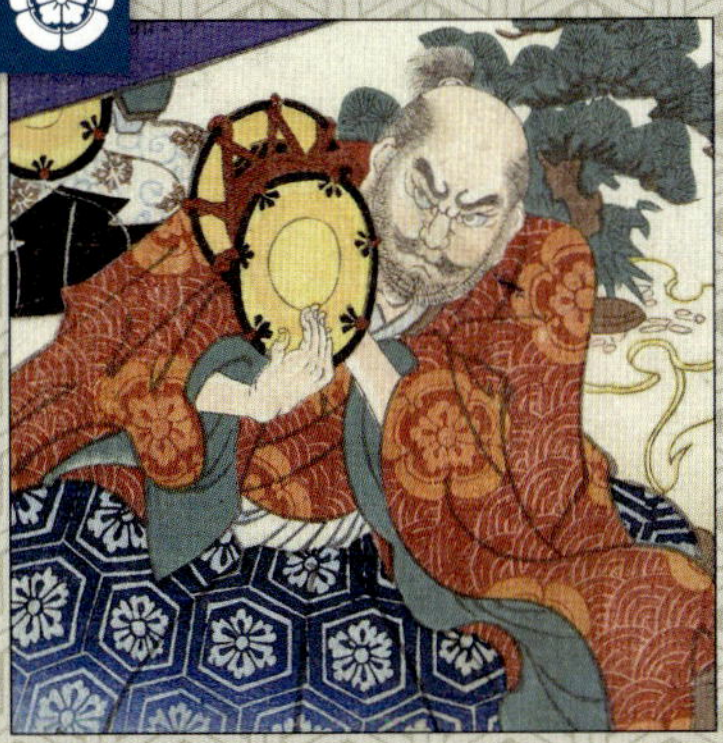

大永5（1525）年生まれ。出自は不明だが美濃攻めの頃から信長に仕え、関東方面の軍団長にまで立身。信長死後は秀吉と争った。天正14（1586）年9月9日死去。享年62。

信長の重臣筆頭だった
柴田勝家

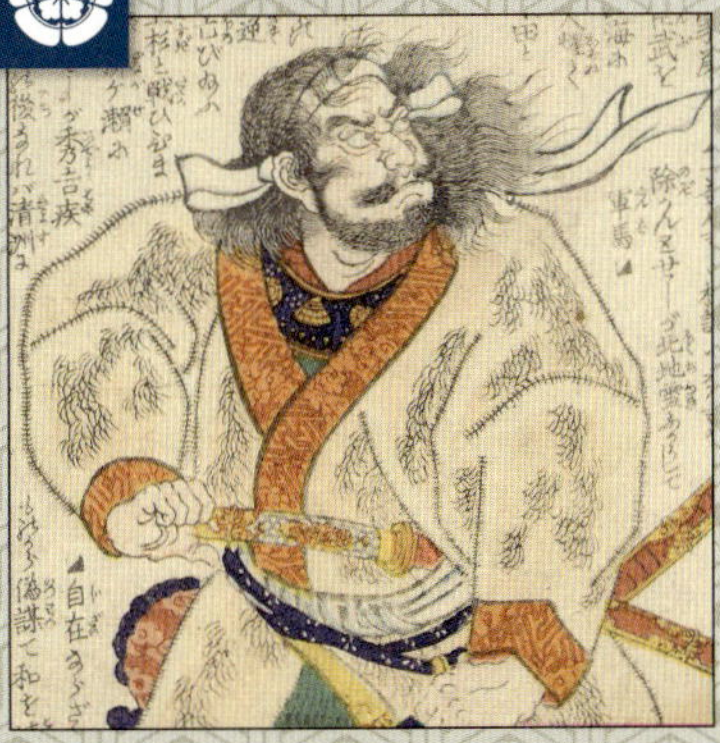

大永2（1522）年尾張生まれ。織田家の重臣で、北陸方面軍団長。信長の死後秀吉と争い、賤ヶ岳の戦いに敗戦。北ノ庄城が落城し自害した。天正11（1583）年4月24日死去。享年62。

信長家臣では第5位
羽柴秀吉

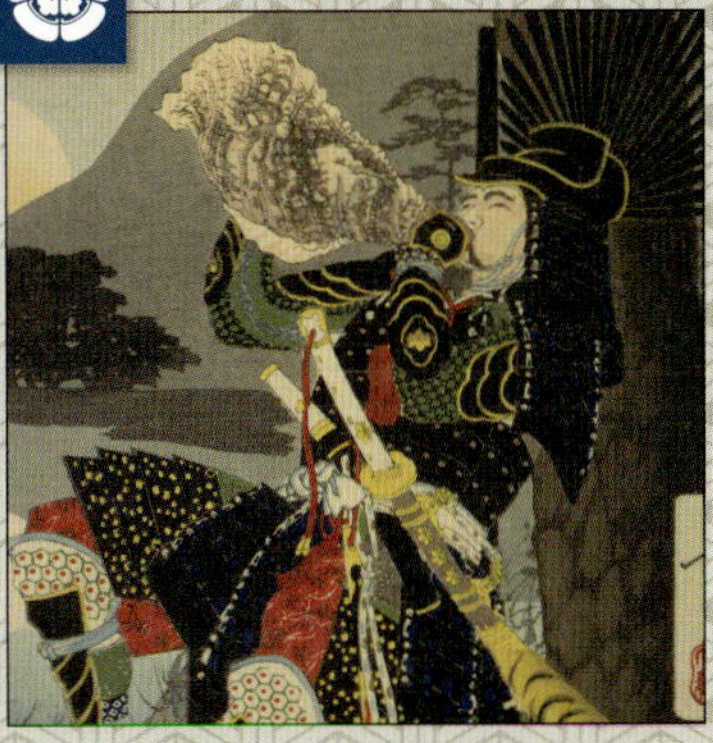

天文6（1537）年2月6日尾張生まれ。織田信長に仕え、中国攻めの軍団長にまで立身。信長の死後に山崎の戦いで光秀を破り天下人になった。慶長3（1598）年8月18日死去。享年62。

れた明智光秀は、所領の丹波亀山に戻り、1万3000の軍を組織していた。6月2日になって突如として光秀は、進行方向を変えて京へ突入。「敵は本能寺にあり」と、信長の宿舎に襲いかかった。攻めてきたのが光秀の軍勢とわかった信長は、形ばかりの抵抗をしたあと、宿舎に火をつけて自害してしまったと伝わる。

浅井長政の離反以来、相次いでいた信長の家臣たちの謀反だったが、ついに第4位の重臣として重用していた明智光秀の謀反で最期となってしまった。光秀の謀反の理由は未だに明らかにされていないが、信長の家臣掌握術が、度重なる非情の措置によって破綻していたことは間違いない。

信長家臣の逸話❸

本能寺に家臣がいなかった理由

本能寺の変の当時、柴田勝家、羽柴秀吉、滝川一益などの重臣は地方で戦っていた。畿内周辺に残る家臣は、中国攻めと四国攻めに出陣するための準備に、領地へ帰らせていた。一時的に京は信長軍団の空白地帯となっていて、信長は数泊しただけで中国路へ向かう手はずになっていた。そのため、信長は少数の馬廻や小姓などを連れただけで、本能寺に宿泊していた。

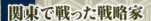

第2位

天下を獲った豊臣家臣団

秀吉には股肱の家臣はいなかったが巧みな人心掌握術で忠誠心を植えつけた

有能な家臣を適材適所に配置する能力では信長よりも上で、行政や経理、庶務に優れた者を重用した。ただ、武力でのし上がった者たちとの不公平感は拭えなかった。

織田信長
徳川家康
豊臣秀吉

秀吉プロフィール

天文6(1537)年2月6日尾張生まれ。織田信長に仕え、足軽から方面軍の軍団長にまでのし上がった。信長の死後は柴田勝家を破り、信長の後継者として自立。天下平定の戦いを進めて、ついに天下人にまで上り詰めた。慶長3(1598)年8月18日死去。享年62。

豊臣家臣団の評価

軍事力
兵団の強さよりも動員能力で高評価

結束力
文治派と武断派の対立を内包していた

忠誠力
秀吉の人心掌握術の巧みさが影響

開拓力
後継者を育てることはできなかった

情報力
検地などの政策により各大名を知悉

合計 85.1

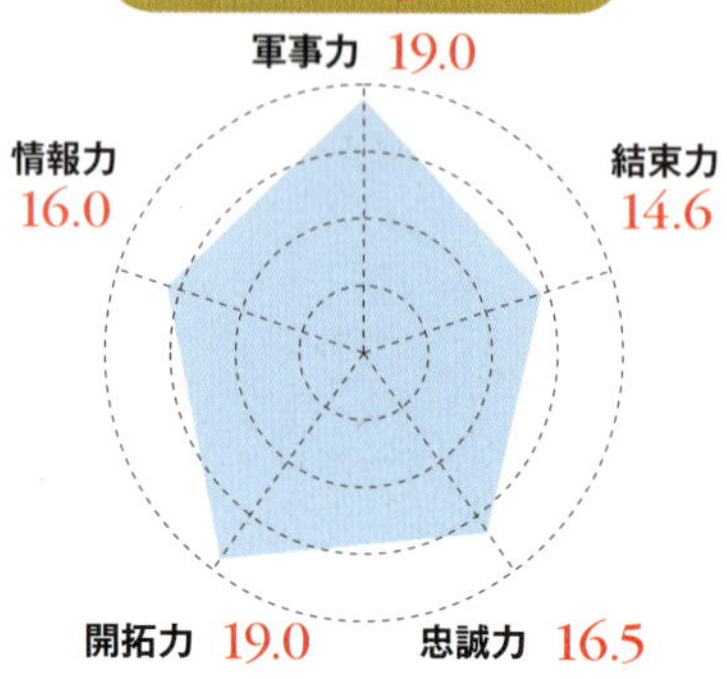

軍事力 19.0
結束力 14.6
忠誠力 16.5
開拓力 19.0
情報力 16.0

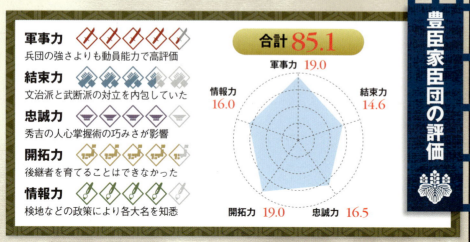

豊臣軍団編成図

豊臣秀吉

- **一門衆**：小早川秀秋・木下家定《いえさだ》・加藤清正・福島正則・青木一矩《かずのり》
- **五大老**：徳川家康・毛利輝元・上杉景勝・前田利家・宇喜多秀家
- **三中老**：生駒正親《いこままさちか》・堀尾吉晴・中村一氏《かずうじ》
- **五奉行**：前田玄以《げんい》・長束《なつか》正家・増田長盛《ましたながもり》・石田三成・浅野長政
- **直参衆**：黒田官兵衛・小西行長・蜂須賀正勝・田中吉政
- **小姓組衆**：福原長堯《ながたか》・別所吉治《よしはる》・宮城頼久《よりひさ》・蒔田《まいた》広定
- **普請奉行**：佐久間政実《まさざね》・佐藤堅忠《かたただ》・滝川忠征《ただゆき》
- **子飼い衆**：大谷吉継《よしつぐ》・加藤嘉明《よしあき》・脇坂安治《わきざかやすはる》・平野長泰《ながやす》・片桐且元《かたぎりかつもと》・山内一豊《かつとよ》・黒田長政
- **馬廻衆**：山口宗永《むねなが》・青木一重《かずしげ》ほか
- **御使番衆**：熊谷《くまがい》直盛・石川貞清《さだきよ》・垣見一直《かずなお》・毛利重政《しげまさ》
- **黄母衣衆**：戸田勝隆《かつたか》・野々村雅春《まさはる》・三好房一《ふさかず》・尾藤知宣《びとうとものぶ》・毛利勝信《かつのぶ》

天正10(1582)年10月に羽柴秀吉が京の大徳寺で行なった、織田信長の法要の様子が描かれた錦絵。中央で幼児の三法師を肩に乗せているのが羽柴秀吉。柴田勝家、滝川一益、丹羽長秀、池田恒興など織田家の重臣が居並ぶなかで、秀吉の陪臣にすぎない加藤清正、福島正則、加藤嘉明などが同格で並んでいるのが興味深い。関係のない直江山城守(兼続)が描かれているのは意味があるのだろうか？

新たな家臣団を育成して一定の成果を見たが……

織田家の足軽大将から立身し、天正《てんしょう》元（1573）年に近江長浜で所領を与えられた秀吉は、その時期から自身の家臣の育成に邁進した。それまで秀吉に従っていた蜂須賀正勝、前野長康《ながやす》、竹中半兵衛《はんべえ》などは形式上、信長から貸与された与力に過ぎなかった。

足軽の子だった秀吉には頼みとなる家臣がいなかった。そこで、自らの親族を家臣にすると同時に領内を広く探索し、有能な若者たちを集めた。もともと武士ではないのでその出自にはこだわらず、たとえ武術に優れなくとも聡明であれば採用していった。

信長の死後、秀吉が天下統一のための戦いを始める時期には、これらの若者たちの才能が開花していく。天下人となってからは、自らが育成した家臣たちを全国に配置して大名と成し、豊臣恩顧の大名ができあがっていった。しかし、武功でのし上がった者と行政や庶務でのし上がった者の格差ができて、政権内部での対立を生み出してしまう。秀吉自身が重しとなっている間は良かったが、死後にその対立が噴出することとなり、結果的に豊臣家を滅亡させてしまう。

秀吉を支えた智将

早い時期に自分を支えてくれる軍師を得たことで飛躍

軍師・竹中半兵衛の活躍で秀吉は立身していく

秀吉は尾張《おわり》の足軽の子だったが、織田信長に仕えて美濃攻めの時期から足軽大将として名を残している。信長が岐阜へ移転した時期には一手の侍大将になり、各地の戦いで功績を挙げ続けた。しかし秀吉には家祖伝来の家臣はなく、この時期は信長から貸与された与力の蜂須賀正勝、前野長康などが秀吉の重臣の役目を果たした。また、この時期には実弟の秀長《ひでなが》を仕官させ、秀吉にとっては第一号の股肱の家臣となった。

飛躍するには家臣の育成が大事と早い時期から悟り、美濃時代には竹中半兵衛と出会っている。半兵衛はもともと斎藤氏に仕える美濃の豪族だったが、斎藤氏の滅亡後は野に潜んでいた。英邁さが評判で信長も随身を請うたが、半兵衛は応じない。秀吉は会ってもくれない半兵衛の屋敷を何度も尋ねる「三顧《さんこ》の礼《れい》」を尽くした。半兵衛は信長に仕えるのではなく、秀吉に仕えることを条件に、織田家に仕官したと伝えられている。

信長の上洛戦後、秀吉は信長に従い各地を転戦。元亀元（1570）年の金ヶ崎の戦いでは、殿《しんがり》を命じられるほどの部隊長にまで出世していた。その後の浅井長政との戦いでは、半兵衛が近江に縁者が多かったことも幸いして、秀吉は最前線で活躍。半兵衛の調略で、浅井方の武将を次々と籠絡《ろうらく》していった。そして、天正元（1573）年に浅井長政の小谷城が落城すると、秀吉は功績を賞されて近江長浜に領地を与えられた。

黒田官兵衛との出会いが天下まで押し上げることに

ついに大名となり、秀吉は家臣団の編成に着手する。尾張との地縁から加藤清正《きよまさ》、福島正則《まさのり》、加藤嘉明《よしあき》など。地元の近江からは石田三成《みつなり》、大谷吉継《よしつぐ》、脇坂安治《わきざかやすはる》、片桐且元《かたぎりかつもと》、増田長盛《ましたながもり》など、後の豊臣恩顧の大名となる多くの若者が仕官した。

天正5（1577）年になると、秀吉は信長から中国方面の攻略を命じられる。秀吉は兵を率いて播磨に入った

秀吉を凌ぐ聡明な弟
豊臣秀長

画像提供：東京大学史料編纂所所蔵模写

天文9（1540）年3月2日尾張生まれ。尾張時代から秀吉に仕え、最終的には大和などで110万石の大名にまで立身した。天正19（1591）年1月22日死去、享年52。

豊臣家臣の逸話❶

蜂須賀正勝との出会い

『太閤記』では秀吉の放浪時代に、秀吉が矢作《やはぎ》川の橋で寝ているところで、野盗だった蜂須賀正勝（小六）と出会ったとされている。しかしこの話は根拠がなく、実際は信長の美濃攻めの時期に出会っている。墨俣築城を命じられた秀吉が、付近の土豪たちに協力を求め、そこに蜂須賀正勝も参加。その後は信長に随身し、秀吉の与力として組下に入り、以後秀吉のもとで働き続けた。

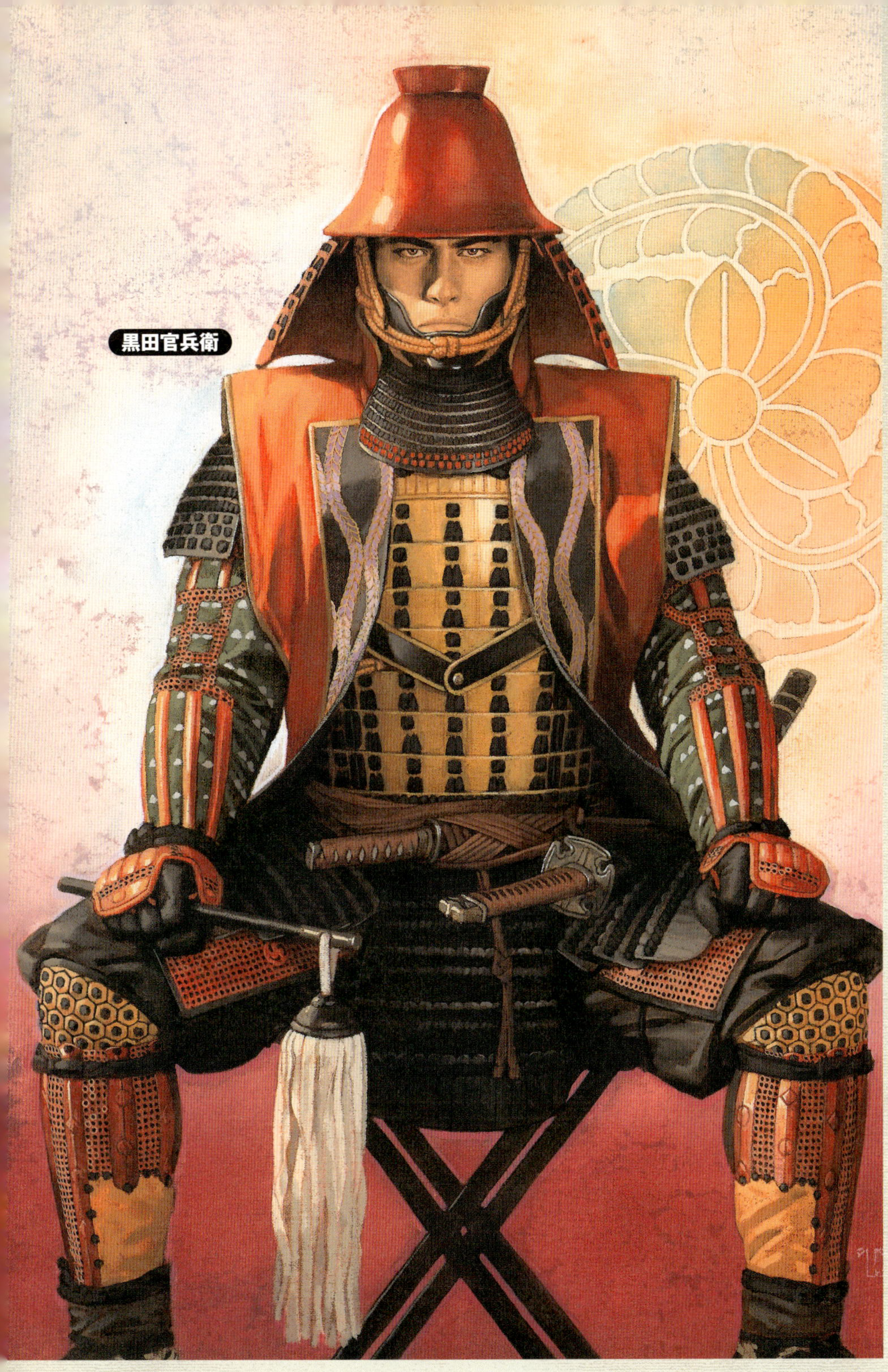

黒田官兵衛は、竹中半兵衛死後に秀吉の軍師を務めた。信長が本能寺の変で倒れると、秀吉の天下獲りへの好機が巡ってきたと説得し、明智光秀との対決を決意させた。

築堤を築いた高松城を水没させ、毛利輝元の本隊と対峙していた時に、信長が横死したとの知らせが届く。秀吉は即座に毛利と講和を結んで、軍団を京へと進発させた。

画像提供：岡山県立図書館

今孔明と賞された軍師
竹中半兵衛

天文13(1544)年9月11日美濃生まれ。美濃の豪族だったが秀吉に仕え、軍師として活躍し秀吉飛躍のきっかけを作った。天正7年6月13日死去、享年36。

画像提供：東京大学史料編纂所所蔵模写

が、そこで大きな出会いがあった。播磨の豪族・小寺氏に仕える黒田官兵衛《かんべえ》は、信長との交渉のためたびたび上洛していた。そこで秀吉に出会い、この人こそ当代一流の人物と惚れ込んでしまった。その秀吉が総大将となって播磨にやってきたのだから、官兵衛は秀吉に従属を誓い、自身の居城である姫路城まで秀吉に差し出してしまった。

5年間も続く秀吉の中国攻めは、竹中半兵衛と黒田官兵衛のふたりの智将が支えることとなった。ところが、天正7(1579)年の三木城攻めで、竹中半兵衛が急死。その後の鳥取攻めや備中《びっちゅう》高松城の水攻めなどでは、官兵衛ひとりが攻城戦を立案している。

天正10(1582)年6月4日の未明、備中高松城を包囲していた秀吉は、不審な密使を捕らえて、主君・信長が本能寺で明智光秀に討たれたことを知る。嘆き悲しむ秀吉に対して官兵衛は笑いかけ、これを好機として、天下を狙うことを示唆。秀吉はそれに同意すると、即座に対峙していた毛利輝元と講和し、軍勢を京へと返した。

中国大返しと呼ばれる驚異的な速度で京へと突撃し、山崎の戦いで明智光秀を討ち取る。この功績で、秀吉は次の天下人は自分だと、天下の人々に知らしめることとなった。

福島正則

永禄4(1561)年尾張生まれ。関ヶ原の後に約50万石の大名に。寛永元(1624)年死去、享年64。

加藤清正

永禄5(1562)年尾張生まれ。関ヶ原の後に約52万石の大名に。慶長16(1611)年死去、享年50。

賤ヶ岳の戦いでは
秀吉子飼いの若武者たちが功名

秀吉が育てた漢たち

織田信長直参の大名を自らの家臣に取り込んだ

山崎の戦いで明智光秀を討った秀吉は、織田家の後継者を決める清洲会議で主導権を握った。筆頭重臣の柴田勝家が信長三男・織田信孝《のぶたか》を推すのを尻目に、信長の嫡男・信忠の子であるわずか3歳の三法師《さんぼうし》を推薦。強引に後継と定めてしまった。この清洲会議の結果、柴田勝家との仲は険悪となり、天正11(1583)年には賤ヶ岳《しずがたけ》の戦いで両者が争うことになる。

その時期までに秀吉は、近江より西に領土を持つ信長直参の池田恒興、堀秀政、蒲生氏郷、中川清秀、高山右近《うこん》、細川藤孝などの大名を籠絡し、味方するように持ちかけていた。また、格上の丹羽長秀に対しても媚びることで、味方することを約束させていた。

戦いは一旦膠着《こうちゃく》状態に陥ったが、秀吉軍が美濃で勝家に味方する織田信孝を攻めるために転進すると、柴田軍の佐久間盛政が動いた。それに対し秀吉は、再び美濃の大垣から大返し。陣営の外に突出していた盛政を奇襲した。この戦いでは、少年時代から秀吉が育て上げた加藤清正、福島正則などの若武者が奮闘。賤ヶ岳の七本槍と讃えられる軍功で、柴田軍全体が総崩れになってしまった。

秀吉は勝家を追撃して、居城の越前北ノ庄を落城させ、勝家は自害してしまった。さらに、織田信孝も攻めて自害に追い込み、秀吉が実質的な信長の後継者であることを認めざるを得なくなっていた。天正12(1584)年の小牧・長久手の戦いでは勝利を得ることはできなかったが、織田信雄《のぶかつ》と講和したことで、織田家内部では秀吉に敵対する者はいなくなってしまった。また、この戦いで池田恒興が戦死するな

豊臣家臣の逸話❷

石田三成と秀吉の出会い

秀吉が近江長浜の領主になった時期、鷹狩の途上で観音寺に立ち寄った。喉が渇いたので茶を所望すると、寺小姓が大きな椀にやや温めの茶を入れて献上。お代わりを要求すると、少し小さい椀に、やや熱めの茶を献上。さらにお代わりすると熱い茶を小さい椀で献上した。秀吉はこの寺小姓が利発であることを見抜き、住職に懇願して貰い受けた。それが後の石田三成だった。

出会いの像

JR長浜駅前に秀吉と三成の出会いの像がある。

賤ヶ岳の戦い
賤ヶ岳の戦いで柴田勝家に与する佐久間盛政の軍勢が、七本槍の活躍によって撃破されたことが勝敗の決め手となった。

画像提供：長浜市長浜城歴史博物館

平野長泰

永禄2（1559）年尾張生まれ。大名とはなれず幕府の旗本となった。寛永5（1628）年死去、享年70。

糟屋武則

永禄5（1562）年播磨生まれ。豊臣政権で1万2000石の大名となるが、関ヶ原後に改易。没年不詳。

片桐且元

弘治2（1556）年近江生まれ。関ヶ原の後2万4000石の大名に。元和元（1615）年死去、享年60。

脇坂安治

天文23（1554）年近江生まれ。豊臣政権で約3万石の大名となる。寛永3（1626）年死去、享年73。

加藤嘉明

永禄6（1563）年三河生まれ。関ヶ原の後43万石の大名となる。寛永8（1631）年死去、享年69。

ど、信長の直参は第二世代に入りつつあったので、秀吉はこれらの者を家臣に取り込むことに成功している。

北条征伐を完了させ秀吉の覇道は成し遂げられた

小牧・長久手の戦いの後、秀吉は自身の子飼いの石田三成、加藤清正、福島正則、小西行《ゆき》長《なが》などに領地を与え大名とした。弟の羽柴秀長には播磨と但《たじ》馬《ま》を与えて大大名と成し、羽柴家内部の執政を担当させた。後嗣と定めた羽柴秀《ひで》次《つぐ》にも、大封を与えている。

天正13（1585）年には、いよいよ秀吉は天下統一の戦いを始める。まずは紀州を討伐して、7月までには四国征伐も完了。これらの戦いでは旧織田家の家臣ばかりではなく、もともとは同盟関係だった宇《う》喜《き》多《た》秀《ひで》家《いえ》や毛利輝元なども、秀吉に命じられるままに出陣している。この年には関白に任官し、秀吉の天下への道は揺るぎないものになった。天正14（1586）年から始まった九州征伐では、帰順したばかりの四国の長宗我部元親や十《そ》河《ごう》存《まさ》保《やす》に先鋒を命じたが、島津軍に手痛い敗戦を喫してしまう。しかし秀吉は20万もの大軍を動員し九州に上陸させたので、ついに島津義久も屈して西日本は完全に秀吉のものとなった。

そこで秀吉は残された関東以北の大名に対して、私闘を禁じる惣《そう》無《ぶ》事《じ》令《れい》を発布。それに反した北条氏《うじ》直《なお》討伐のために、全国の大名に対して動員令を発した。もはや徳川家康も織田信《のぶ》雄《かつ》、上杉景勝、毛利輝元などの天下の大大名たちも、命じられるままに出陣せざるを得ない状況になっていた。

天正18（1590）年7月までに、小田原征伐は完了。秀吉は当主の父・北条氏《うじ》政《まさ》を切腹させ、全領土を没収してそこに徳川家康を移封させた。さらに奥州仕置を完了して、秀吉の天下統一は成し遂げられた。その間に、加藤清正、福島正則、小西行長、石田三成など子飼いの家臣たちは10万石以上の領地を得て、豊臣政権での中核の地位を占めるようになっていた。

人質から秀吉の小姓に
黒田長政

永禄11（1568）年12月3日、播磨で黒田官兵衛の嫡男として生まれる。関ヶ原の戦い後に約52万石の大名に立身。元和9（1623）年8月4日死去、享年56。

画像提供：東京大学史料編纂所所蔵模写

本郷チェック

晩節を汚した秀吉

豊臣家臣団は、軍事力は非常に高いけど結束力、忠誠力がやや低いかな。まあ、加藤清正や福島正則など、いわゆる豊臣の子飼いの連中が、肝心の関ヶ原のときに豊臣政権を否定してしまった。そして、徳川家康にしっぽを振っちゃったのがマイナスなんですかね。

ただ開拓力は非常に高い。これはなぜだろう？　確かに、天下を統一して日本を再びひとつにまとめ上げたという意味で開拓力が評価されたのなら納得できます。ただ、これは褒められた話じゃないけど、海外まで派兵しているっていう意味で開拓力が評価されたのかも？

また軍事力が高いのも、朝鮮出兵があるからだったりして。ただ、その朝鮮出兵があまりにも痛かった。現地で戦った武断派の大名の負担が重すぎたせいで、文官（文治派）と言われる石田三成たちとの間に亀裂が入ってしまったということは、ある意味皮肉ですね。

まあ、農家出身の秀吉には、もともとの家臣がいないため、家臣団もすべて一から作るしかなく、難しかったんでしょうね。

佐竹義重
小田原征伐に義宣とともに参陣。秀吉から常陸54万石が認められ、その後、常陸国内を統一した。

佐竹義宣
佐竹義宣などの外様大名では、検地などの手心から文治派に親しい者も少なくなかった。

後継者を育てられず五大老に後事を託すだけだった

崩壊した最強家臣団

天下統一後の秀吉は徐々に求心力をなくしていった

秀吉の天下統一で、日本国内には戦いの場はなくなった。それまで槍働きで立身していた武将たちは、活躍の場をなくしていく。代わって石田三成や増田長盛、長《な》束《つか》正《まさ》家《いえ》たちが秀吉の側近となり、複雑さを増している行政機構を切り盛りしていった。この3人に浅野長《なが》政《まさ》、前田玄《げん》以《い》を加えて五奉行とし、行政府の長官として働かせた。

槍働きできない武将たちの日増しに募る不満を見越したのか、秀吉は唐突に朝鮮征伐の号令を発してしまう。だが、この異国での槍働きを喜ぶ者はおらず、誰もが反対だった。しかし、この時期になると秀吉への唯一の助言者だった黒田官兵衛は、その有能さが秀吉に危険視されると、自身の行く末に不安を感じて隠居。さらになんでもいえる立場だった弟の秀長も病死していた。徳川家康や伊達政《まさ》宗《むね》、前田利家なども秀吉に対しては完全に臣下となり、ただ命令に服従するだけだった。

文《ぶん》禄《ろく》の役が始まると、西日本の大名たちが続々と朝鮮半島へ渡海して、苦闘を続けることとなる。前線で戦うことなく、後方で輜《し》重《ちょう》や軍政を担当する文治派大名たちへの反感が、武断派大名の中でさらに強くなっていく。

その一方で国内では、秀吉が一旦後継と定めた豊臣秀次が、切腹させられるという事件が起こった。秀吉の側室の淀の方に男子が生まれたため、前途を悲観して生活を荒廃させていた秀次を、秀吉が咎めたものだった。しかし、秀次自身ばかりではなく、妻子や側室まですべて斬首するという残虐さに、秀吉は求心力をなくしていくこととな

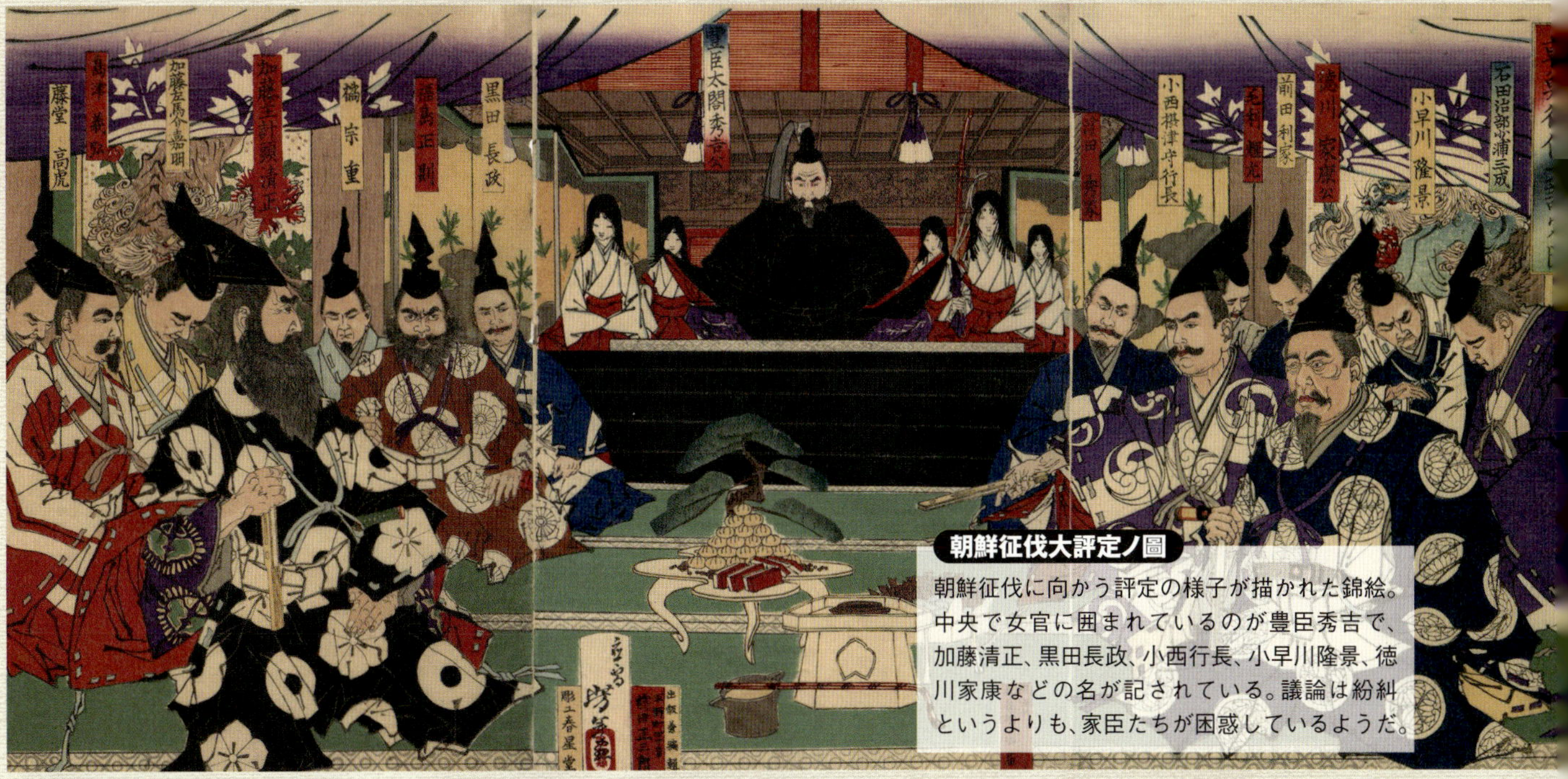

朝鮮征伐大評定ノ圖

朝鮮征伐に向かう評定の様子が描かれた錦絵。中央で女官に囲まれているのが豊臣秀吉で、加藤清正、黒田長政、小西行長、小早川隆景、徳川家康などの名が記されている。議論は紛糾というよりも、家臣たちが困惑しているようだ。

戦国最強軍団を率いた
島津義弘

天文4(1535)年7月23日薩摩生まれ。兄の島津義久に従い、九州制覇のために奮闘。猛将として知られ、秀吉の九州征伐後に島津家の当主となった。元和5(1619)年7月21日死去、享年85。

画像提供：尚古集成館

野望を秘め続けた梟雄
伊達政宗

永禄10(1567)年8月3日陸奥生まれ。伊達家第17代当主で、天下への野望を秘めて南奥州を席巻した。秀吉の奥州仕置に屈して58万石の大名となった。寛永13(1636)年5月24日死去、享年70。

画像提供：東京大学史料編纂所所蔵模写

四国制覇に邁進した
長宗我部元親

天文8(1539)年土佐生まれ。土佐の一郷主から飛躍して、一時は四国制覇を成し遂げた。秀吉の四国征伐に遭って、土佐一国20万石の大名となった。慶長4(1599)年5月19日死去、享年61。

画像提供：東京大学史料編纂所所蔵模写

る。

一旦講和した朝鮮での戦いも、秀吉は講和内容に不満を呈し、再び慶長《けいちょう》の役が始まることになる。この戦いでは明《みん》の強力な援軍もあり、日本軍は各地で苦戦を続けることとなる。その戦いの決着がつかないまま、秀吉は病を得て伏したままになっていた。秀次を殺してまで後継と定めた秀頼《ひでより》はまだ幼児で、政務を執れるはずもない。仕方なく秀吉は徳川家康、前田利家、宇喜多秀家、毛利輝元、上杉景勝を五大老として政務を見させようとしたが、その結果を見る前に死んでしまった。

豊臣家臣の逸話③

武闘派と文治派の対立

関ヶ原の戦い

武断派が味方した東軍が関ヶ原の戦いでは勝利した。

秀吉は天下統一後、石田三成や増田長盛などの官僚タイプの大名を重用した。それに対して加藤清正や福島正則などの武闘タイプは不満を抱き、朝鮮征伐での不当な賞罰をきっかけとして、文治派と武断派の対立は本格化する。秀吉の没後にはこれが石田三成襲撃事件を発生させるまでになっていた。この対立が豊臣恩顧の大名の二分化となり、関ヶ原の戦いへとつながった。

第3位

少ない恩賞でも身を粉にして働き続けた家康の家臣掌握術は卓抜していた

天下を簒奪した徳川家臣団

家康の人質時代を耐え抜き領主不在の苦しみを味わった三河武士団は、軍事力や忠誠心、結束力でも抜きん出ていて、結果として家臣団の団結が徳川家康の天下簒奪を支えることとなった。

石田三成
徳川家康
本多忠勝
井伊直政

家康プロフィール

天文11(1543)年12月26日三河生まれ。幼時より今川家へ人質に出されていたが、桶狭間の戦い後に独立大名に。織田信長、豊臣秀吉のふたりの英傑時代を耐え抜き、関ヶ原の戦いに勝利して江戸幕府を開府。元和2(1616)年4月17日死去、享年74。

徳川家臣団の評価

軍事力
個々の戦闘力は当時では卓抜していた

結束力
家康の人質時代を団結力で耐えぬいた

忠誠力
領主不在の苦労を知っていた

開拓力
鉄砲の配備は織田軍団よりも遅れた

情報力
三方ヶ原で武田の動きに幻惑された

合計 84.8

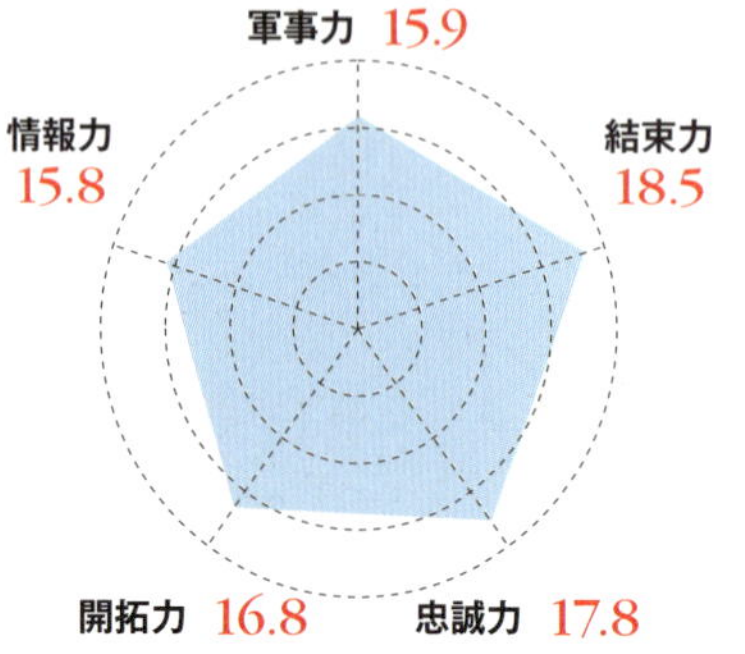

軍事力 15.9
結束力 18.5
忠誠力 17.8
開拓力 16.8
情報力 15.8

徳川軍団編成図

※天正10年頃の徳川家臣団

徳川家康

- **東三河旗頭 酒井忠次**
  - 城持衆 ── 本多康重（田原城）
  - 松平一族
  - 国衆　鵜殿《うどの》康孝・牧野康成・菅沼貞盈《さだみつ》・菅沼貞通
    西郷正勝・奥平貞能《さだよし》・設楽《したら》貞通・戸田忠重
- **岡崎城代 石川数正**
  ※石川数正出奔後は本多重次が岡崎城代
  - 城持衆 ── 酒井重忠（西尾城）
  - 松平一族
  - その他の家康直臣
- **直臣団**
  - 旗本　大久保忠為《ただため》・大久保忠教《ただたか》・服部正成《まさなり》・渡辺守綱《もりつな》
  - 旗本先手役　本多忠勝・榊原康政・井伊直政
  - 一手役　内藤家長・本多重次《しげつぐ》
  - 奉行職　三奉行　高力清長・天野康景
    三遠奉行　小栗吉忠・浅井道忠
  - 奉行衆　本多正信・大久保忠泰・成瀬正一・高木広正・阿部正勝ほか
  - 代官職　大久保長安・伊奈忠次ほか
- **城持衆**
  - 遠江国　石川家成《いえなり》（掛川《かけがわ》城）・大須賀康高《やすたか》（横須賀城）・大久保忠世《ただよ》（二俣城）
  - 駿河国　久野宗能《くのうむねよし》（久能《くのう》城）・高力《こうりき》清長（田中城）・三宅康貞《やすさだ》（深沢城）
    松平清宗《きよむね》（興国寺《こうこくじ》城）・牧野康成《やすなり》（長窪《ながくぼ》城）・松平康重《やすしげ》（沼津城）
  - 甲斐国　平岩親吉《ちかよし》（甲府城）・鳥居元忠《とりいもとただ》（岩殿城）
  - 信濃国　菅沼定利《すがぬまさだとし》（飯田城）・柴田康忠《やすただ》（佐久《さく》城）・芦田信守《あしだのぶもり》（小諸《こもろ》城）

小牧・長久手の戦いでの本多忠勝の奮闘が描かれている。対峙しているのは、秀吉軍の中では無双の槍自慢とされていた加藤清正。実際にこの対決があったかどうかは不明だが、本多忠勝は長久手へと移動する家康の本隊を追撃する秀吉本隊に対し、身を挺してこれを阻止した。そのあっぱれな武者ぶりに、秀吉は忠勝を討つことを禁じたという逸話が残されている。

日本で一番ケチで頑固な主君を仰いだ三河武士たち

徳川家康の家臣団を見ると、大きな特徴があることに気がつく。織田信長や豊臣秀吉は、能力のある者はどんどん抜擢し、また征服した土地の豪族たちを家臣として重用した。しかし、徳川家臣団では、常にその中心にいたのは三河武士団だった。

織田信長は明智光秀や滝川一益などの他国者を重臣として遇したが、結局その明智光秀の謀反により命を落とした。家康が唯一他国者を重臣にしたのは遠江《とおとうみ》出身の井伊直政《なおまさ》だけだったが、その直政に対しても家康は三河武士として扱っている。貧乏に耐え結束力を失わない家臣団の特徴を、直政はよく理解していたから、徳川軍の先鋒を任されるまでに成長したのだ。

石橋を叩いても渡らないほどの用心深さを持ち合わせていた家康は、家臣団の結束を何よりも重視した。それは、大封を持たせてしまうと、いらぬ野心を抱くようになるとして、家臣に対する報酬では徹底的なケチぶりを示した家康の、臆病なほどに用心深い結果だった。そして、一度方針を定めたら一生変節しないという、頑固ぶりも家康は持ち合わせていた。

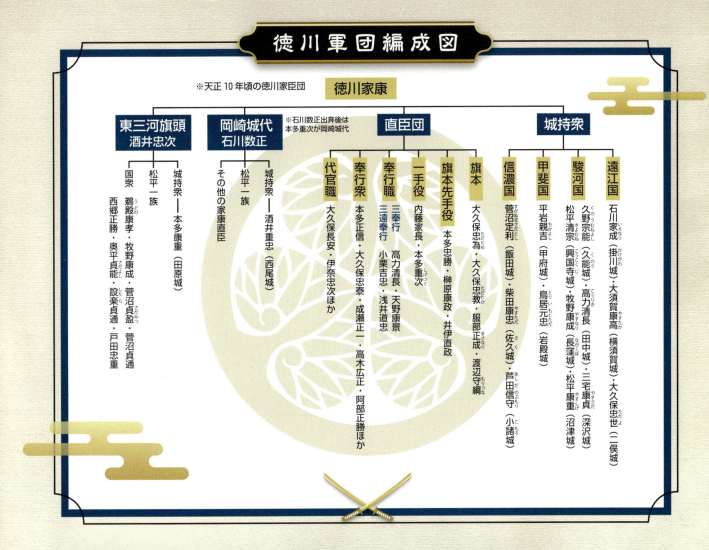

今川家の代官に支配された時代が続いたことで三河武士の辛抱強さが培われた

家康を支えた三河武士団

徳川家臣の逸話❶

身代わりとして命を投げ出す

本多忠真《ただざね》は三河の生まれで、本多忠勝の一族だった。三方ヶ原の戦いでも忠勝に従って出陣していたが、徳川軍は武田騎馬隊の前に総崩れとなった。忠真は家康に直訴して、殿《しんがり》を買って出る。命までも危うくなっている主君を逃がすため、単身でその場に留まった。武田軍が追撃してくると「我こそは家康なり」と、旗指物を抱いて単身で敵中に突撃し、討ち死にしてしまった。

本多忠真の碑

静岡県浜松市中区鹿谷町に忠真の忠魂碑がある。

岡崎城の回復で家臣団は一枚岩となって団結した

徳川家臣の基を作ったのは、家康の祖父に当たる松平清康《きよやす》だった。若くして三河を統一するまでの英傑ぶりを示した清康に、三河の豪族たちは結集して、自家の安泰を図ろうとした。ところが、その清康が若くして急死。後を継いだ松平広忠《ひろただ》は凡庸で、嫡子の家康を今川家へ人質に出してしまった。

残された家臣たちは広忠を担いで飛躍しようとしたが、その広忠までが急死してしまう。人質となっている家康を返してくれるように今川家に懇願したが、応じてくれる気配もない。代わりに岡崎城に代官を送り込まれ、松平の家臣たちは、窮乏生活を送らざるを得なかった。それでも、家康が成長して戻ってくれれば、再び松平は飛躍すると、家臣たちは耐え抜いた。この期間に、主君がいなければ自分たちの生活も向上しないことを、いやというほど刷り込まれていくこととなる。そして、団結しなければ、この窮乏生活が乗りきれないことをも同時に刷り込まれた。

この窮乏時代に、岡崎で留守をしていた家臣は大久保、鳥居、本多、榊原、阿部、石川などの長老たち。やがて、桶狭間の戦いのあと、家康が岡崎城に戻ってくると、これらの譜代の家から本多忠勝《ただかつ》、榊原康政《やすまさ》、石川数正《かずまさ》、鳥居《とりい》元忠《もとただ》、大久保忠世《ただよ》などの家康と同世代の若者たちが活躍を開始する。

これまで目の上の瘤だった今川義元が戦死して、代官を追い払う形で岡崎城を回復した家康だが、地盤はそれほど強固ではなく、同族の松平諸家をはじめ周囲は敵だらけだった。しかし、その時期に一旦は松平家から離れていた酒井忠次《ただつぐ》が帰参してくる。

家康は家臣のすべてを自身の直轄下に置き、状況に応じて配置する方法を取っていた。しかし、この酒井忠次だけは別だった。家康よりも15歳も年上だった忠次は、すでに完成された武将だ。家康の人質時代は、最初の駿河移送に家臣として付き従ったが、その後は織田家と今川の間で離反を繰り返し、西三河で勢力を拡大していた。この忠次の帰参で、向背《こうはい》を迷っていた三河の土豪たちは、次から次へと家康の元に帰参してきた。

忠次や石川数正の活躍で三河統一を果たすと、家康は忠次に吉田城を与え、東三河の棟梁《とうりょう》とした。家康が破格の恩賞を与えたのは、この時が最初で最後だ。この間に家康は徳川に改姓し、織田信長と清洲同盟を結び、今川氏真《うじざね》との戦いに臨んでいくこととなる。

遠江で井伊直政を得て徳川軍団は一層強固に

永禄11（1568）年から家康は遠江へ侵攻を開始し、曳馬《ひくま》城を攻略した。酒井忠次の外交で武田信玄と同盟を結び駿河《するが》を武田、遠江を徳川とすることで合意し、信玄も駿河への侵攻を開始している。永禄12（1569）年2月に掛川《かけがわ》城を攻めて、今川氏真が降伏。

酒井忠次と並ぶ筆頭格

石川数正

画像提供：犬山城白帝文庫

天文2（1533）年三河生まれ。家康の人質時代から近侍して、岡崎城代にまで立身したが、家康のもとから出奔して秀吉に随身した。文禄2（1593）年死去、享年61。

三方ヶ原の戦い

武田騎馬軍団の突撃に鶴翼の陣で臨んだ家康だが、この戦いは生涯最大といわれる敗戦となった。

野戦術に長けた豪傑 榊原康政

画像提供：東京大学史料編纂所所蔵模写

天文17（1548）年三河生まれ。家康の小姓出身で、野戦での指揮官としては家中随一。上野館林10万石の大名となる。慶長11（1606）年５月14日死去、享年59。

過ぎたる者と謳われた 本多忠勝

画像提供：東京大学史料編纂所所蔵模写

天文17（1548）年２月８日三河生まれ。生涯57回もの戦いで一度も傷を負わなかった豪傑で、伊勢桑名10万石の藩祖。慶長15（1610）年10月18日死去、享年63。

筆頭重臣で戦略家 酒井忠次

画像提供：先求院

大永７（1527）年三河生まれ。戦略ばかりではなく外交術にも長けていた家老。家康の関東移封の前に隠居していた。慶長元（1596）年10月28日死去、享年70。

家康は遠江を掌中にして、本拠を岡崎から曳馬に移して浜松と改名した。

ただ今川家が没落しても、決して安泰とはいえなかった。同盟関係の織田信長からたびたび援軍要請が来て、家康は越前金ヶ崎城の戦い、姉川の戦いなどに兵を出さなければならない。

元亀３（１５７２）年には、大坂の石山本願寺が画策して、信長包囲網を結成。家康にも誘いが来たが、信長との同盟関係を理由にこれを断った。ところが、甲斐の武田信玄はこれを受け入れた。戦国最強とも謳《うた》われた騎馬軍団を組織して、３万の大軍で西上作戦を開始する。家康の前には武田信玄という巨大な壁が立ちふさがったのだ。

家康はこれに対して籠城策を取らず、織田からの援軍３０００とともに、三方ヶ原で信玄に野戦を挑んだ。しかし、鎧袖一触で撃破され、家康自身は命からがら浜松城まで逃走。この戦いで家康は、三河以来の多くの家臣を失うこととなった。

その後、天正３（１５７５）年に家康は井伊直政と出会い、小姓として採用した。武田信玄との戦いで疲弊していた徳川軍団のなかで、直政はどんどん頭角を現し、高《たか》天《てん》神《じん》城の戦いなどで戦果を挙げ、やがて侍大将へと成長していくこととなる。

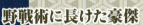

長篠の戦い
長篠の戦いでは酒井忠次が献策した迂回作戦を織田信長が受け入れ勝利に貢献。戦後信長は、忠次こそ功第一等と褒め称えている。

画像提供：犬山城白帝文庫

譜代の家臣を使い続けることで結束力を培った

勇猛果敢な漢たち

四天王の活躍で三河武士は最強と謳われることに

三方ヶ原の戦い後も、家康は武田家との長い戦いを続けることとなる。この時期になると若者だった武将たちは一廉《ひとかど》の武者に成長し、なかでも酒井忠次、榊原康政、本多忠勝、井伊直政は徳川四天王と呼ばれるようになり、ほとんどの合戦で手柄を挙げ続けた。

天正3（1575）年の長篠の戦いまでは武田軍と一進一退の戦いが続くが、長篠の戦いで勝利して家康が攻勢に出ることが多くなった。しかし、長篠では織田信長の力を借りたことが大きかったので、徐々に風上に立たされていくこととなる。

天正7（1579）年に突如として信長から、家康の嫡子・松平信康《のぶやす》に対して謀反の嫌疑がかけられた。家康は酒井忠次を岐阜へ派遣して、信長の嫌疑を晴らそうとする。しかし、信長はそれを聞き入れず、ついに切腹を命じてきた。家康は泣く泣くそれに従い、信康を切腹させた。家臣たちは信長との決戦まで主張したが、家康がそれをなだめたのだ。この結果、信長を説得できなかったとして酒井忠次が批判に晒《さら》され、徐々に徳川家内での地位が下がっていくこととなる。

本能寺の変が起こると、家康は甲斐へ攻め込み、南信濃までの信長の旧領を版図に入れた。次こそが自分が天下だと意気込むが、織田家の後継争いを制した羽柴秀吉が立ちふさがる。天正12（1584）年の小牧・長久手の戦いでは、本多忠勝などの勇猛果敢な家臣たちが奮闘するが、それでも秀吉に完全勝利することはできなかった。

やがて、秀吉からは上洛要請が来る。上洛に応じることは、秀吉に臣従することとなるのだ。それを拒んだ家康は、石川数正に秀吉との斡旋を担当させる。しかし、その数正が徳川家を出奔して、豊臣家に走ってしまった。家康にとってはこれまで経験したことのない家臣の手痛い裏切りとなり、苦渋の選択で、秀吉の軍門に下った。

謀臣の登場で家康の性格も変わることとなった

豊臣政権下で、家康は律儀な男を徹底して演じた。小田原征伐後の無道な国替えにも応じ、江戸城に本拠を移し

徳川家臣の逸話❷

「一筆啓上 火の用心」鬼作左

頑固さが売りの三河武士にあって、その代表格ともいえるのが本多作左《さくざ》衛門《えもん》だ。戦場から家族に手紙を書かないのを同僚に咎められて「一筆啓上 火の用心 お仙泣かすな 馬肥やせ」とだけ書いて送ったという逸話は有名。三河奉行を務め、家康にも平気で意見をして主君を呆れさせた話は数多い。関東移封後に3000石しか与えられなかったときには、文句をいう気概を持ち合わせていた。

丸岡城・一筆啓上の碑

福井県坂井市の丸岡城内に建つ鬼作左の碑。

この本多忠勝、井伊直政、榊原康政の3人に酒井忠次を加え、徳川四天王と呼ばれ、天下に名が轟いていた。本多忠勝などは秀吉が直臣に乞うたが、決して受けることなく、小禄の徳川家臣であり続けた。

徳川軍の先鋒隊長 井伊直政

画像提供：東京大学史料編纂所所蔵模写

永禄4（1561）年2月19日遠江生まれ。野戦指揮の達人で、関ヶ原の戦いの後に近江彦根藩30万石の藩祖となる。慶長7（1602）年2月1日死去、享年42。

長篠城を死守した 奥平信昌

画像提供：盛徳寺

弘治元（1555）年三河生まれ。奥三河の豪族で、武田と徳川に面従腹背。長篠城の戦い以後は家康に忠誠を尽くした。慶長20（1615）年3月14日死去、享年61。

た。大封となったので家臣たちにそれぞれ城を与えたが、それにも家康のケチぶりが現れていた。一番大封を得たのは井伊直政だったが、それとてわずか12万石。酒井忠次は隠居していたとはいえ、その後継の酒井家次《いえつぐ》はわずか3万石しか与えられなかった。

この時期から家康は、本多正信《まさのぶ》や永井直勝《なおかつ》などの謀臣を身近に置くことが多くなった。武功ばかりの大名の働き場所は、徳川家でも少なくなっていたのだ。

慶長《けいちょう》3（1598）年に豊臣秀吉が死ぬと、家康は本多正信と画策して、天下簒奪《さんだつ》の暗躍を始める。豊臣恩顧の大名たちと、禁じられていた婚姻政策を結び、武断派と文治派の仲を裂いていく。奉行の石田三成を佐和山に蟄居させ、大坂城の西の丸に居座った。利家亡き後の前田家に難癖をつけて、前田利長の生母を江戸へと人質に取る。上杉景勝に謀反の兆候ありとして、全国の大名に動員令を下した。これらは皆、家康と正信の共謀策であった。

やがて関ヶ原で戦いが起こり、家康は豊臣恩顧の大名を率いて出陣。戦いに勝利した家康は、独断で論功行賞を行ない、自分が豊臣家に代わる新たな天下人であることを全国に知らしめることとなった。

最後まで実直を貫き通し忠義心に篤かった
三河武士が天下を取らせた

徳川十六将と江戸幕府

全国に譜代大名を配置して徳川幕府の安寧を図った

関ヶ原の戦い後に家康が行なった論功行賞は、徹底して自身の家臣団を優遇するものだった。江戸を中心にして関東はほとんどが譜代大名（もともとの徳川家臣団）の領地となり、全国の要地にも譜代大名を配した。家臣団では近江彦根《ひこね》の井伊直政の18万石が最大だったが、数多くいた自身の子たちには50万石以上の大封を与える例もあり、これらの中から親藩大名が生まれていくこととなる。

関ヶ原の戦いで味方した豊臣恩顧の大名や、もともとの地方領主に大封を与える例もあるが、これらは皆、江戸から見て遠隔地となる九州や中国、奥州などに集められて配置されていた。

豊臣恩顧の大名たちは、家康が豊臣家の安泰のために戦うのだと公言していたので、それを信じて味方した。しかし、家康の豊臣秀頼に対する減俸は過酷なものだった。全国に散らばっていた２００万石以上もあった蔵入地（豊臣家の直轄地）をほとんど没収し、大坂城を中心とした65万石の大名とした。これには加藤清正や福島正則などは臍《ほぞ》を噛《か》んだが、もはや家康に対して反論できる余地はなくなっていた。

慶長８（１６０３）年に家康は、朝廷から征夷大将軍となることを宣下された。家康は江戸で幕府を開くこととなったが、これに対しても文句を言える豊臣恩顧の大名はいなかった。

こうして天下人となった家康だが、大きな不安の種が残っていた。それは、豊臣秀頼がまだ大坂に健在だということだ。今はまだ少年にすぎない秀頼だが、時が経ち聡明な武将として成長すると、全国に残っている恩顧の大名たちと結託して、反徳川の旗を上げるかもしれない。家康の晩年の思いは、豊臣家を滅亡させることだけに集約されていく。

嫡子秀忠に将軍位を譲り大御所政治で豊臣を討った

慶長10（１６０５）年、家康は将軍職を辞して、秀忠に征夷大将軍を譲った。これによって、将軍職は代々徳川家が継承していくことを世に知らしめたのだ。将軍位は譲ったものの、家康は政務を放棄したわけではなかった。駿河の駿府《すんぷ》城に移り住んだが、そこで政務を行ない、大御所政治と呼ばれた。

次は豊臣家の断絶だったが、恩顧の大名が多く残っている状況では手出し

豊臣家臣の逸話❶

大封を拒否した榊原康政

家康が関東移封となり家臣団に領地を配分した時、そのあまりのケチぶりに文句をいう家臣もいた。しかし、大部分の家臣はそれを甘んじて受け、領土的野心を持たなかった。なかでも榊原康政は関ヶ原の戦い後、家康から25万石を与えると提示された。ところが、中山道軍に属していたので戦功はないとこれを拒否。大封を得ると心がおごるとして、家康の要請には応じなかった。

家康の面目のために籠城　鳥居元忠

天文８（1539）年三河生まれ。家康の人質時代からの股肱の臣で、関ヶ原の戦いの時に、伏見城の城代となって奮戦し慶長５（1600）年８月１日に自害、享年62。

画像提供：雄琴神社

非情な策を好んだ謀臣　本多正信

天文７（1538）年三河生まれ。本能寺の変以降に重用されるようになった謀臣で、天下取りへの策を練った。元和２（1616）年６月７日死去、享年79。

画像提供：東京大学史料編纂所所蔵模写

徳川十六神将図

徳川十六神将とは、江戸時代に日光東照宮への信仰のため、徳川家の創業時に功績のあった16人の武将の姿を描いた図版が配られたもの。この名称が使われるのは、幕府開府以後のことで、戦国期に使われていた形跡はない。

画像提供：浜松市博物館

ができない。しかし、この間に加藤清正、浅野幸長《よしなが》、池田輝政《てるまさ》、黒田官兵衛、田中吉政《よしまさ》などが次々と病死していったのを見て、ついに家康は牙を剝きだしたのだ。

豊臣家の国替えや、淀殿を江戸に人質に出すなどの難題を持ちかけたが、豊臣家はそれに応じない。ついに、豊臣家が補修工事を行なっていた方広寺の鐘銘《しょうめい》に刻まれた文字に「国家安康《あんこう》」「君臣豊楽《くんしんほうらく》」などの文字があるのに難癖をつけ、豊臣家が家康を呪詛《じゅそ》しているとした。

家康が天下に号令をかけると、豊臣に味方する大名はまったく出現しなかった。慶長20（1615）年の大坂夏の陣では真田信繁（幸村）の突撃に心胆を寒からしめたが、ついに大坂城を落城させ豊臣家は滅亡した。元和2（1616）年に家康は、最後の大仕事を完了させたかのごとく、駿府城にて息を引き取った。

徳川十六神将という名称がある。酒井忠次、本多忠勝、榊原康政、井伊直政、米津常春《よねきつつねはる》、高木清秀《きよひで》、内藤正成《まさなり》、大久保忠世、大久保忠佐《ただすけ》、蜂屋貞次《さだつぐ》、鳥居元忠、鳥居忠広《ただひろ》、渡辺守綱《もりつな》、平岩親吉《ちかよし》、服部正成《はっとりまさなり》、松平康忠《やすただ》の16人を指すが、蜂屋貞次が植村家存《いえさだ》に、松平康忠が松平家忠に変更されている場合もある。徳川幕府の創業に功績のあった武将を顕彰するためのもので、家康が祀られた日光東照宮などで十六神将の図版が売られていた。徳川四天王という名称は、武将たちの生前から語られていたというが、確かな証拠はない。

本郷チェック

伝説に残らない家康の合戦

結束力と忠誠力が高いのは、いわゆる三河武士団のおかげでしょうね。しかし軍事力が低いのはなぜですかね。徳川家臣団には派手な戦がないせいですか？ このあたりはよくわからない。まあ三方ヶ原では武田家臣団に完敗してますからね。でも徐々に力はつけていったためか、そういえば家康には伝説に残るような勝ち戦ってないですね。例えば、織田信長の桶狭間の戦いだったり、毛利元就の厳島の戦いだったり、また川中島の戦いのような華々しい戦いも徳川家にはない。あるのは三方ヶ原のような負けちゃったような戦いだけですが、でも野戦はなかなか強かった。

まあ家康は長篠の戦いや姉川の戦いのように、常に信長と一緒に戦ったイメージが強く、単独で戦っている印象がないのが悪影響したんですかね。だけど武田を抑えきったというのは、信長が勢力を拡大する上で大きな働きになっているわけです。この点だけでも、徳川家臣団の軍事力は良い点数をつけてあげてもいいんじゃないでしょうか？

1 架空戦記 戦国もし戦わば

元亀3（1573）年12月22日

織田家臣団 VS 武田家臣団 三方ヶ原で激突

若き徳川家康が老獪な武田信玄に敗れた「三方ヶ原の戦い」。家康から応援要請を受けた信長は自身も敵を抱えており、わずか3000しか援軍を送れなかった。だが、もしもこのとき約2万の軍勢を送っていたならば、史実はどのように変わっただろうか？

騎馬隊の突撃を支えきれなかった連合軍の鶴翼の陣

武田信玄が西上作戦を開始し、徳川家康から援軍を求められた時、織田信長は最大の危機だと感じた。自身も四方の敵と対峙していたが、佐久間信盛、林秀貞、明智光秀、丹羽長秀、羽柴秀吉、平手汎秀《ひろひで》など、約2万の兵を援軍として差し向けた。徳川家康も織田の援軍が2万だと聞くと、籠城策から一転、野戦を決意する。そして1万の兵とともに浜松城を出て武田軍が進軍する三方ヶ原へ向かった。

一方の武田軍も徳川軍が城を出たと聞き、決戦を覚悟していた。浜松城の西方・三方ヶ原台地へ入ると進軍を停止し崖を背にして陣した。陣形は魚鱗の陣。先鋒に山県昌景、続いて内藤昌秀、真田信綱、武田信廉、小山田信茂、馬場信春、穴山梅雪と単縦陣で、最後方に信玄の本陣が控えていた。

武田軍が待ち構えているのを承知で、織田・徳川連合軍も三方ヶ原に入っていく。こちらは鶴翼の陣で、左翼から織田軍の羽柴秀吉、明智光秀、丹羽長秀、佐久間信盛、林秀貞、中軍に家康の本陣が入り、井伊直政、酒井忠次、榊原康政、本多忠勝、大久保忠世と並び、最右翼が石川数正だった。

内藤昌秀隊
馬場信春隊
山県昌景隊
武田信玄本陣
武田勝頼隊

武田軍は対峙する暇もなく、すぐに仕掛けてきた。徳川軍と織田軍の境目をめがけて、昌景の騎馬隊が突撃してくる。連合軍の鉄砲隊が一斉射撃を開始するが、この時期の織田軍鉄砲隊はそれほどの数が用意されていなかった。撃たれて悶絶する騎馬武者も続出するなか、昌景はすぐに林秀貞の隊を突き崩して、陣形の背後へ出る。昌景が開けた穴に内藤隊、真田隊も突入し、連合軍の鶴翼の陣の背後に出ると一斉に馬首を巡らせた。

連合軍の両翼は、鶴が翼を閉じるように、なおも続こうとする武田軍を包囲しにかかる。だが、連合軍の背後から山県隊、内藤隊、真田隊が反転してくると戦場は乱戦に陥り、次第に連合軍は総崩れ。連合軍の林秀貞、佐久間信盛、丹羽長秀、井伊直政など有力家臣が次々と討ち死にしていく。

徳川家康や羽柴秀吉がかろうじて軍をまとめ撤退を開始。しかし、信玄の本陣はまだ動いておらず、背後は山県隊などに取られている。そこで浜松城は諦め三河方面へ向かい、その殿軍を本多忠勝が務めた。死ぬ気で立ちふさがる忠勝を見て信玄は、「あのあっぱれな奴を、死なせるでない」と言ったので、武田軍は追撃を取りやめたのだった。

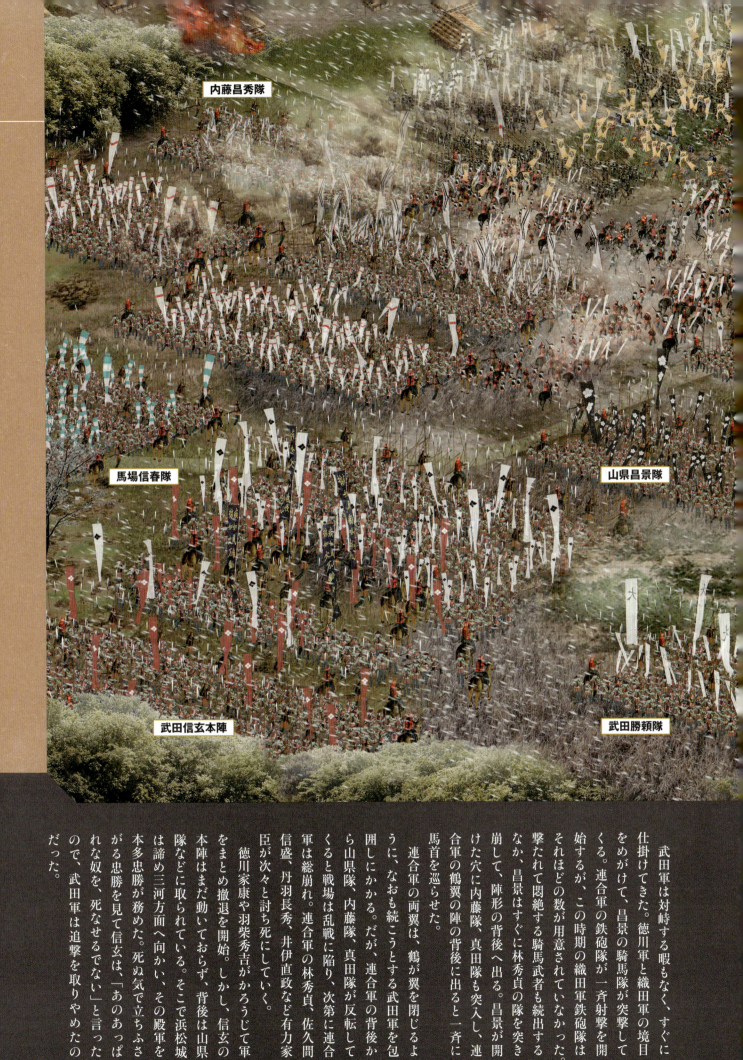

STUDY!

第2特集 10分でわかる!

戦国家臣団のリアル

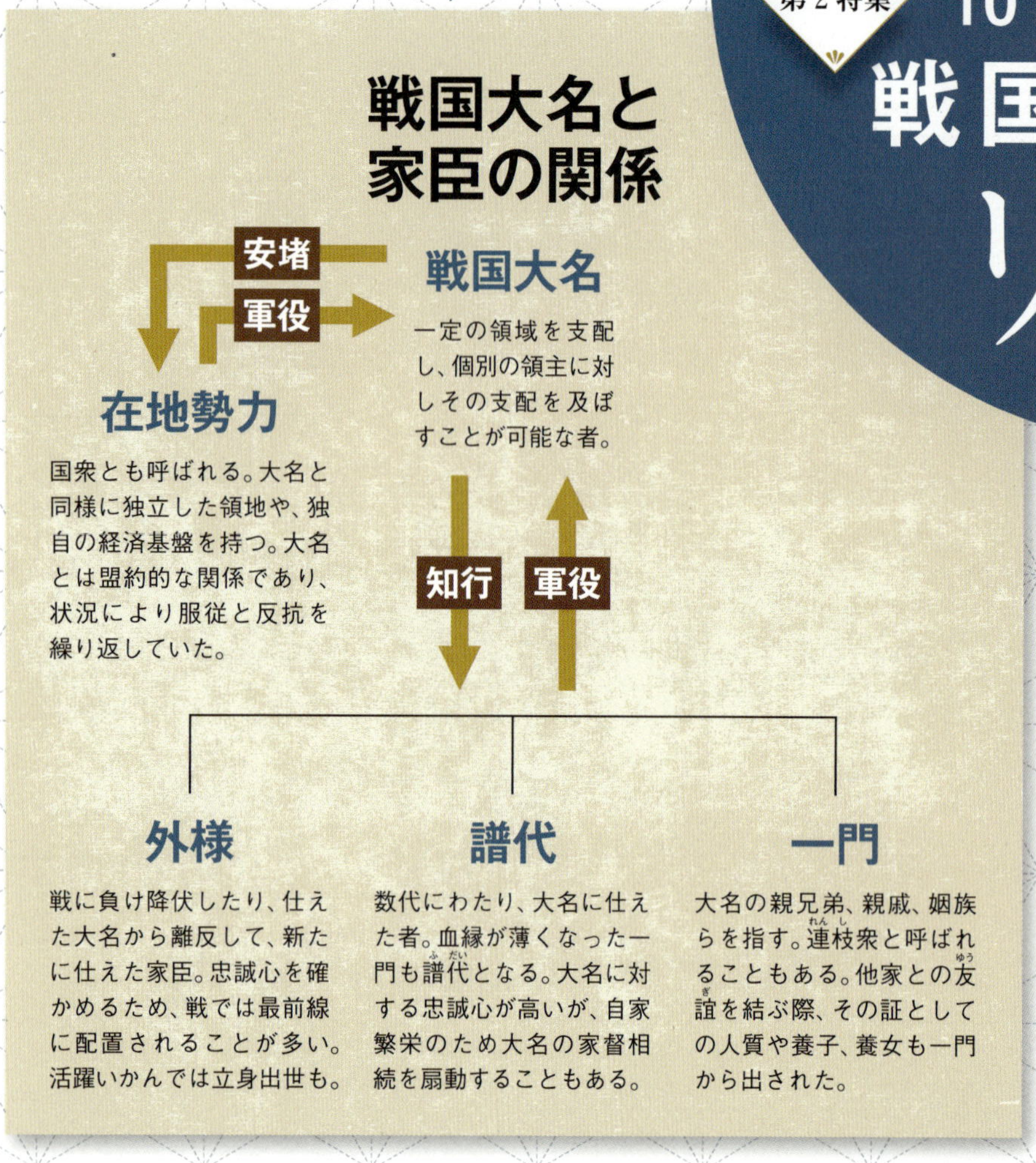

戦国大名と家臣の関係
安堵
軍役
戦国大名
一定の領域を支配し、個別の領主に対しその支配を及ぼすことが可能な者。
在地勢力
国衆とも呼ばれる。大名と同様に独立した領地や、独自の経済基盤を持つ。大名とは盟約的な関係であり、状況により服従と反抗を繰り返していた。
知行
軍役
外様
戦に負け降伏したり、仕えた大名から離反して、新たに仕えた家臣。忠誠心を確かめるため、戦では最前線に配置されることが多い。活躍いかんでは立身出世も。
譜代
数代にわたり、大名に仕えた者。血縁が薄くなった一門も譜代《ふだい》となる。大名に対する忠誠心が高いが、自家繁栄のため大名の家督相続を扇動することもある。
一門
大名の親兄弟、親戚、姻族らを指す。連枝《れんし》衆と呼ばれることもある。他家との友誼《ゆうぎ》を結ぶ際、その証としての人質や養子、養女も一門から出された。

応仁の乱により全国に波及した戦乱が戦国大名を生み出した

戦国大名と家臣団

鎌倉幕府により成立した武家政権は、御恩と奉公というつながりで、主君と家臣を結びつけていた。しかし、室町中期から始まった戦乱は、それまでの武家社会の在り方を一変させた。

戦国大名の特徴は領域に強力な支配権を持っていた

戦国大名の定義は現在も定まっていない。だが、その特徴は支配する領域について強大な権限を持っていたことにある。守護大名は実際に支配する在地勢力の領地に対して、直接的な軍事権や行政権を行使できなかった。これを「守護使不入《しゅごしふにゅう》」と言う。

戦国大名は、この守護使不入を排し、より直接的な支配権を行使できたという特徴がある。戦国大名は検地を行ない生産力を把握し、臣従する家臣に知行として与えた。知行を得た家臣は領地の生産力に見合った軍役が賦課《ふか》され、それに従わない場合は知行が没収された。また知行地に対する行政権も、戦国大名が掌握した。戦国大名は守護大名よりも強力な統制力を持っていたことになる。

しかし、戦国初期は大名の統制権は大きくなかった。下克上により成り上がった戦国大名や小領主から支配地を拡大していった者に従った家臣は独立性が高く、大名の統制に反抗する者も少なくなかった。

戦国大名はこうした反抗勢力を武力や調略により従えることで、徐々に家臣の独立性を奪い、知行を与えることで主君に対して忠誠心を持たせ、家臣団を作り上げていったのだ。

column

戦国大名と守護大名の違い

守護は鎌倉・室町幕府が国単位に設置した武家の職制で、軍事権と行政権を司る。室町幕府の守護は鎌倉期のそれと区別するため守護大名と呼ばれるようになった。守護大名は主に足利一門に連なる武家が幕府によって任命された。守護大名は守護代や在地の国人を被官(家臣)とし、領国内の支配権を高めた。一方、戦国大名は、守護を出自とする者の他に、守護の被官が主君に替わって領国の支配を得た者の総称で、幕府との主従関係も薄かった。

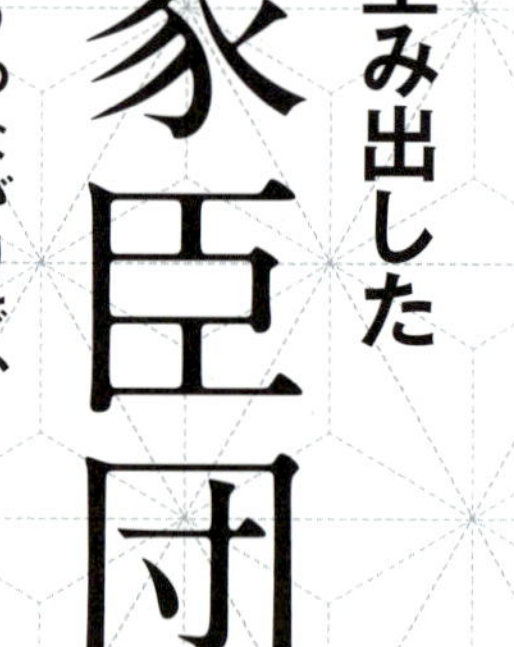

朝倉敏景

越前の守護大名となった朝倉敏景は戦国大名の走りだった。

画像提供:東京大学史料編纂所所蔵模写

戦国大名と家臣団の編成

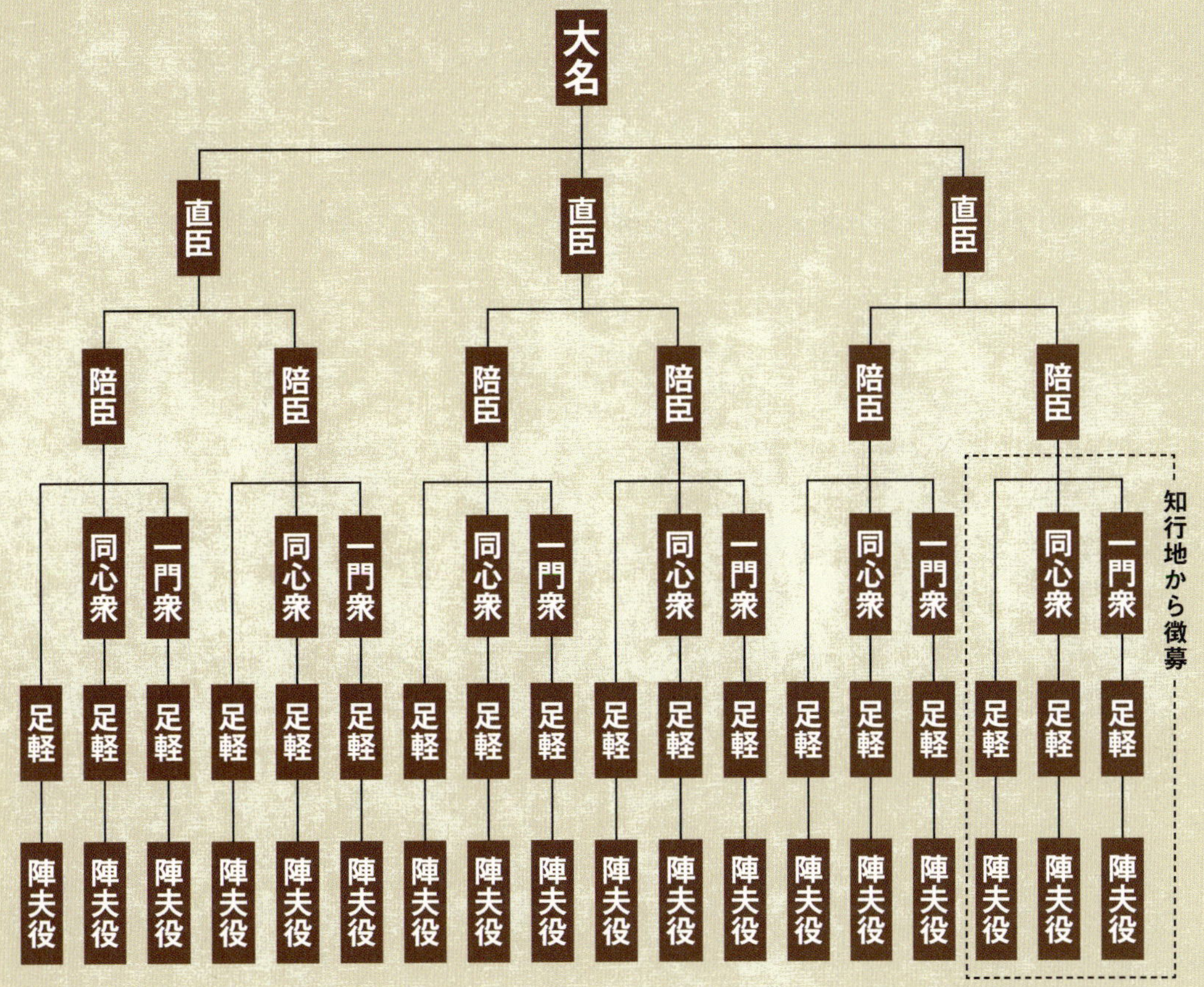

直臣《じきしん》 大名と直接主従関係を結んだ家臣。知行を得る代わりに、軍役などが賦課された。武将と呼ばれる者の多くは直臣。

陪臣《ばいしん》 直臣と主従関係を結んだ者で、大名との主従関係はない。直臣の知行から陪臣の知行が与えられていた。

一門衆《いちもんしゅう》 家臣が戦にでる際、兵力として同行する者のうち、親子兄弟、親戚など血縁関係のある者。

同心衆《どうしんしゅう》 普段は農民として働き、戦になれば、軍役が自動的に課される者。与力衆とも呼ばれる。領民から尊敬されていた。

足軽《あしがる》 歩兵として戦に参加させられる農民の総称。武家ではないが、戦功を挙げることで武士になることもできた。

陣夫役《じんぶえき》 戦に帯同するが、戦闘には加わらず雑役に従事する。足軽と同様に農民から選ばれるが、銭で雇われることもある。

信長が兵農分離をするまで 武士のほとんどは半士半農

武士と呼ばれる職業のうち、専業武士はほんのわずかしかいなかった。大名をはじめ直臣のうち有力家臣は専業武士であったが、知行の少ない直臣や陪臣の多くは日頃は農業に従事し、参陣の令が発せられると、鎧をまとい槍を担いで出陣した。武士と呼ばれていたのは、陪臣の傘下にある一門衆や同心衆までだが、彼らは名字を持っていたので「名字の百姓」とも言われていた。足軽、陣夫役は農民たちから選ばれた者たちで、当然武士ではなかった。

こうした状況は戦国初期から長らく続いた。農民が兵の多くを占めているため、田植えや稲刈りといった農繁期には出兵を嫌がる者が多かった。そのため、戦の多くは農閑期に行なわれ、長期間の戦をすることは難しかった。

この制度を一変させたのが、織田信長である。信長は武士と農民を分け、専業の武士団を作り上げた。これにより時期を問わず出兵が可能となった。さらに常備軍団を持つことで集団的な戦闘訓練が行なえるようになり、兵力の増強につながった。信長が天下統一の覇業を進められたのは、兵農分離によるところが大きかった。

兵

知行により課される軍役

農分離を進めた織田信長は 領土の拡大とともに敵対勢力より動員数を増やしていった

イラスト：じゃこ兵衛

家臣を領地から切り離し専業化を進めた信長の手法

知行とは、領域の支配者である大名より、家臣に認めた土地の支配権のこと。知行はその家臣が父祖の代から持っている場合は「安堵」され、家臣が軍功を立てると新たに土地を「宛《あて》行《おこない》」（「あてがい」とも）される。

安堵または宛行された土地で生産される米や穀物が、家臣の主な収入となる。その土地からいくら米が取れるかを計る基本の単位が「石《こく》」である。米1石は、おおよそ大人ひとりが1年で消費する量に相当し、1石の収量が上げられる田の面積を1反（段《たん》）としていた（約991平方メートル）。これを元に決定された知行が石高制と呼ばれた。

全国統一の石高制が使用されるようになったのは、秀吉が太閤検地を行なってからで、それ以前は貫高《かんだか》制と呼ばれる制度が広く使われていた。

貫高制は1段から収穫できる平均の米の量を通貨に換算した単位。当時流通していた通貨の単位が「貫」であったことから、こう呼ばれた。時代や資料により違いはあるが、戦国時代は1貫は2石に相当するとされていた。

大名は家臣に対し、石高制や貫高制により計算された知行に見合った軍役、つまり兵の供出を義務付けていた。供出する兵の人数は、戦国大名によって違いがあり、さらに自領から遠征する場合と自領で防衛する場合でも違っていた。

例えば、北条氏が永禄2（1559）年に作成した『北条氏所領役帳』では、100貫について騎馬武者3騎、鉄砲1挺（100貫以下なら鉄砲の代わりに弓1張。100貫を単位として端数について1張追加。150貫なら鉄砲1挺、弓2張となる）槍6本、大小旗1本が規準となっている。

これより時代は下るが、織田軍の軍役が、100石（50貫）で騎馬武者1騎、槍1本、軍夫役ひとりだったのと比べると、北条氏の軍役は、かなり負担が大きかったのではないだろうか。

防衛戦になると軍役の負担は増す。天正15（1587）年7月、小田原征伐を発した豊臣秀吉に対抗するため、北条氏は領内の農民に対し「戦える健康な男子は15歳から70歳まですべて出頭せよ」という触れを出している。これは豊臣軍の兵力が15～20万になると予想したためだった。

実際にどれだけの農民が動員されたかは不明だが、北条氏の内政力の高さをうかがわせる逸話である。

知行100石の軍役
信長が直卒する馬廻りは、100石程度の知行であった。騎馬と槍持ち、雑役もこなす小荷駄持ちで編成される。

知行500石の軍役
陪臣を15名程度抱えられる知行で、兵力も供侍が2名程度いたが従軍する者の大半は戦闘力のない従者。

知行1000石の軍役
直臣の中堅クラスか有力家臣の陪臣が得られる石高。複数の騎馬武者や、鉄砲の配備も賦課されている。

戦国末期・2500石取り程度の侍大将の軍団構成

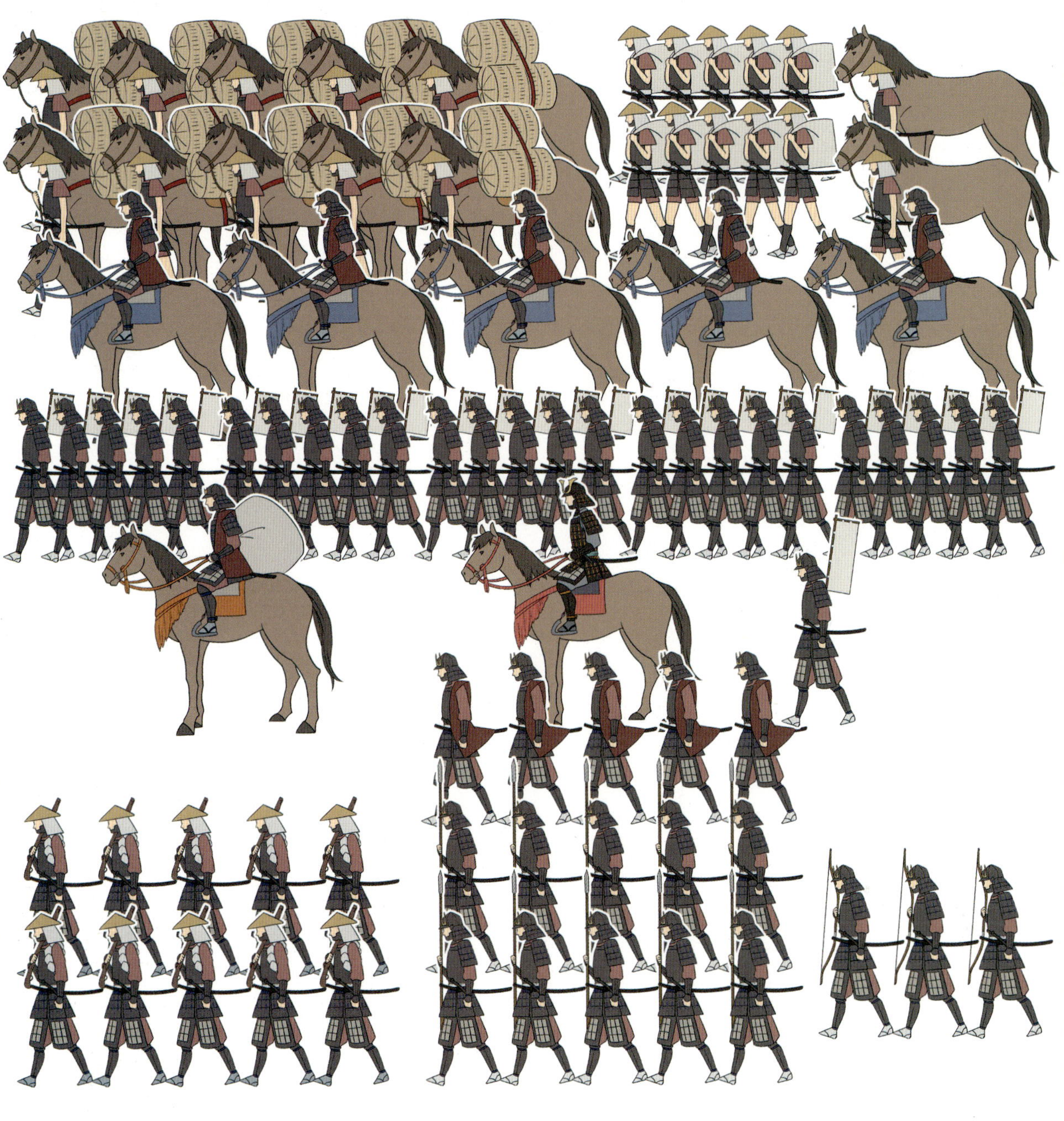

戦国末期になると1000石あたり約25名の軍役が課されるのが常となっていた。軍の編成は大将、騎馬武者５名、偵察や連絡、部隊の監督役を担う母衣武者１名、供侍５名、旗持１名、徒士兵25名、鉄砲足軽10名、槍足軽10名、弓足軽３名。これに小荷駄隊20名と乗り換え用の馬が2頭という編成になっている。部隊として独立した戦が行なえた。

美濃攻略は順調に進むが その兵力は明らかではない

当時、武士の多くは普段は領地で農業に従事し、戦となれば武器を手にして、知行に合った兵を引き連れて戦場に赴くという「半士半農制」であった。従う足軽らも領地から徴収された農民たちだった。

半士半農制は平和時には非生産層である専業武士を少数に留められるという利点があったが、戦乱が続くと欠点も露呈した。田植えや稲刈りといった農繁期に動員することができないため、長期の戦が難しいのだ。

それを解消するため、織田信長が取ったのが「兵農分離」であった。信長は居城を清洲から小牧山に移す際、新たに城下町を作り、そのなかに家臣の住居である武家屋敷も多数建築した。これにより家臣たちは土地から切り離され専業武士となった。あわせて信長は家臣が徴発する足軽たちも城下町に住まわせた。

専業武士を増やしたことで、日常的に集団訓練が行なえるようになり、兵の戦闘力は格段に上がった。また時期を選ぶことなく出兵できるようになったことで、敵対勢力より優位に立てる状況を作り出せるようになったのだ。

現在でも残る様々な行事や約束事が戦国時代に作られた

出陣から戦場までの流れ

戦は陣触れから始まり帰参するまでが一連の流れ

大名が合戦を決定すると、所領に起居している家臣や服属する勢力に招集をかけることから始まる。これを「陣触れ」と言う。陣触れを受けた家臣は、知行により決定されている兵数に応じて領民に招集をかけ軍装を整えた上で、領主の館など指定された場所まですばやく参陣せねばならない。

陣触れに応じて指定場所に到着することを「着到」と言った。家臣が従えた兵数や装備、着到時刻などは着到目録に記載され、家臣には目録に記入されたことを証明する着到状が渡された。着到目録と着到状は、家臣の勤務態度や戦後の論功行賞の資料となる。いわば忠誠心を測るバロメーターになったのだ。

陣触れを出したすべての家臣が集結すると出陣式が執り行なわれる。これは主従や家臣内の団結を図るための行事で、戦国時代に細々とした作法が整っていった。現在でも日常的にみられる壮行会などは出陣式の形式を汲んでいるともいえる。出陣式は語呂合わせによる縁起担ぎや神仏への祈願などがあり、武将によって微妙に差異があった。突然の出陣の場合には、略式化されることも少なくなかった。

出陣式が終われば、いよいよ戦場への移動が始まる。移動は敵の奇襲を避けるために前軍、中軍、後軍に分けて進軍することが通常だった。前軍に配属された家臣は、頻繁に物見と呼ばれる偵察や斥候《せっこう》を放って、警戒に当たっていた。織田軍ではこうした任務にあたる騎馬武者を母衣《ほろ》衆と呼んだ。率いる兵数が多くなれば、行軍の速度は遅くなる。また戦国期は街道の整備も不十分であったため、行軍速度は一層遅くなる。そのため信長は領地の街道を整備し、道幅を3間半（約6メートル）に拡幅している。

戦場に到着すると本陣が据えられた。近辺に寺社や豪農の屋敷があれば、そこを本陣とした。戦国末期には組み立て式の宿泊設備も用いられた。

STUDY!

陣触れ《じんぶれ》	合戦を始めるには、在地の家臣に早馬に乗った騎馬武者を出して知らせていた。騎馬武者は軍装などの指示が書かれた「触状」という書状を携える場合もあった。
着到《ちゃくとう》	着到するまで、家臣はどれぐらいの動員がかけられ、どの家臣に陣触れが出されたかわからなかった。そのため時には敵方であった武将が寝返り、着到場所に現れて驚かされることも。
出陣式《しゅつじんしき》	出陣式で重要なのが「三献の儀」である。打鮑、勝栗、昆布を食し、酒を3杯飲み干す。この他にも神社で戦勝祈願を行なうなど、様々な縁起担ぎの作法があった。
出陣《しゅつじん》	従軍する兵の多くは農民のため、現代の軍隊のような整然とした行軍はできなかった。また軍の後ろからは、商売人や遊女などの集団がついてきていた。戦は大きな商機でもあったのだ。
着陣《ちゃくじん》	戦場に到着すると大将の本陣がまず作られる。大将や有力家臣は寺社や名主の家を借り受けることが多かったが、足軽ら雑兵は地面で寝ころがるだけで、生活環境は最悪だった。

column

小荷駄隊による兵站輸送

小荷駄隊《こにだたい》は駄馬と人夫で構成される。駄馬の積載量は25貫目（約94キロ）で、人夫は4貫目（約15キロ）であったとされる。軍兵は1日約1キロの食料を消費し、軍馬は約6キロの糧食が必要と計算されていた。小荷駄隊は兵数に応じて、馬の数と人夫を徴発されるが、1回に運べる量は約1週間分程度とされていた。長期滞陣の場合、小荷駄隊はピストン輸送を行ない食料を確保していた。

武田信玄が築いた棒道

信玄は小荷駄隊が専用に使う軍用道を複数開通した。

関ヶ原の戦い

画像提供：関ヶ原町歴史民俗資料館

両軍あわせて20万ともいわれる軍勢が関ヶ原周辺に展開した。戦いは1日で終わったが、長期化すれば、兵站能力に乏しい東軍が負ける可能性も十分あった。

武田騎馬軍団が架空の産物といわれる理由とは？

戦は軍を指揮する侍大将をトップにして、これに寄騎《よりき》と呼ばれる家臣が率いる部隊が置かれる。家臣の兵は長槍隊、鉄砲隊、弓隊、騎馬隊などの兵種で編成されているが、その指揮権は直接兵を出した家臣にあった。戦での論功行賞も、家臣それぞれに行なわれるものである。家臣の部隊から兵種ごとに抽出して、部隊を再編すれば、手柄が兵を出した家臣にあるのか、部隊を率いた家臣にあるのかが不明瞭となるため、兵種ごとの部隊編成は不可能だった。そのため、騎馬ばかりを集めた武田騎馬軍団は、架空の産物と指摘されることもある。

戦は、野戦と籠城戦では戦い方が違ってくる。野戦の場合、遠距離攻撃ができる弓矢や鉄砲による撃ち合いから始まり、騎馬武者の突撃による敵の分断とその開いた穴を長槍隊が広げるという戦法が通常の流れであった。

戦に勝利すれば、そこで論功行賞が行なわれる。手柄としてわかりやすいのが首級を挙げること。雑兵ではなく指揮官である武士を討ち取れば、戦後の論功は大きくなる。半面、多くの首を討ち取っても、それを持って戦場を移動しなければならないため、首が荷物となって戦いで不利となることも。また首を持っている者から首を奪ったり、味方を殺して手柄を横取りすることも戦場では見受けられた。そのため敵だけでなく味方の動きも警戒する必要があった。そうした戦場の混乱ぶりは、戦を描いた屏風絵で確認できる。

STUDY!

鉄砲隊《てっぽうたい》

信長が他の武将に先駆けて鉄砲隊を編成し、多数の鉄砲を所有できたのは、堺や国友村といった鉄砲製造地を得られたことと火薬の原料である硝石が海外から輸入できたからといわれる。

長槍隊《ながやりたい》

足軽により編成された長槍隊は、垂直に構えた槍を振り下ろし、穂先の重量と加速力で打撃を与えた。信長は3間半の槍を導入し、敵よりも長い間合いで攻撃できるようにした。

騎馬《きば》武者

騎馬武者になれるのはそれなりの地位にある家臣であり、一種のステータスになっていた。軍馬は所有するだけで膨大な費用がかかるが、良い軍馬を求めて武士たちは大枚をはたいた。

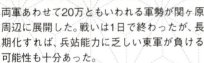

第2章

乱世に名を馳せる無敵の軍団

天下に武名を轟かせた有名戦国大名には、それを支える家臣団の存在があった。乱世で生き残るためには、大名と家臣は相互信頼と緊張感を持ちながら活躍していた。

信玄プロフィール

大永元(1521)年11月3日生まれ。天文10(1541)年に父を追放して甲斐の国主となる。信濃を攻略し、川中島で上杉謙信と数度にわたり戦う。駿河も支配し、元亀3(1572)年に京をめざし三方ヶ原で徳川家康を破ったが、翌年4月12日病没(諸説あり)。享年52。

カリスマ武田信玄の下に集い、勇猛果敢な武田軍団を作り上げた

第4位

“鉄の結束”武田家臣団

武田信玄は、甲斐一国から最盛期には信濃・駿河に加え、上野《こうずけ》、遠江《とおとうみ》、美濃の一部を領する大大名となる。それを支えた家臣団も有能な武将が多かった。

武田信玄を中心に描かれている。制作されたのは江戸時代に入ってからで、描かれている武将は資料により違いがある。

画像提供：長野市立博物館

若き信玄時代の家臣は信虎時代からの家臣が中心

甲斐武田家は新羅三郎義光《しんらさぶろうよしみつ》(源義光)を祖とする清和源氏の流れを汲む名家で、鎌倉時代初期より歴代が甲斐国守護職を任じていた。戦国時代初期に武田家に内乱が起こり国を二分する動乱となったが、18代当主の武田信虎《のぶとら》が国内をまとめ上げた。

だが、信虎は独断専行が激しくなり家臣団が離反。天文10(1541)年、信虎の嫡男である晴信(信玄)は武田四天王(初期)と呼ばれた板垣信方《のぶかた》、甘利虎泰《とらやす》、飯富《おぶ》虎昌、小山田虎満の信を得て、信虎を駿河に追放。その翌年から信玄は信濃攻略に乗り出し、まず諏訪《すわ》を侵攻し掌握した。

その後、領国を接する相模の北条氏、駿河の今川氏との関係を安定化させて後顧の憂いを排した信玄は、信濃への侵略を本格化する。信濃守護の小笠原氏や北信濃で勢力を張る村上義清《よしきよ》と敵対。天文17(1548)年の義清と激突した上田原《うえたばら》の戦いでは、武田軍は村上軍に敗れ多くの将兵を失い、信玄自身も負傷する。だが、信玄はこの敗戦にくじけることなく侵攻を繰り返し、天文22(1553)年には北信濃勢を越後へ追いやった。だが、越後へ逃げた義清が上杉謙信を頼ったことで、川中島の戦いが起こる。

築城の名手と記される 小山田虎満

生年不詳。通称は備中守など。信濃侵攻に功があったとされる。『甲陽軍鑑』では「小山田備中守が築城した城は落城することがない」と記している。天正7(1579)年没。

若き信玄を支えたが…… 飯富虎昌

生年不詳。山県昌景の兄。信虎の代から譜代家老衆として仕える。信玄の信濃侵攻では前線で活躍。だが、信玄の嫡男義信の謀反計画に連座し、永禄8(1565)年8月自刃。

初期の武田家臣筆頭格 甘利虎泰

明応7(1498)年生まれ。甘利荘を本拠とした武田氏の庶流。信玄が家督を継承後、板垣信方とともに家臣の最高職位「両職」を務めたとされる。武勇に優れ、若き信玄を補佐した。天文17(1548)年2月14日、上田原の戦いで村上勢から信玄を守り戦死。享年51。

初期の四天王のひとり 板垣信方

延徳元(1489)年生まれ。甲斐武田家の縁戚で信虎時代からの宿老。信虎追放後は家臣の筆頭格となる。上田原の戦いで村上軍の猛攻を受けて戦死した。天文17(1548)年2月14日没。享年60。

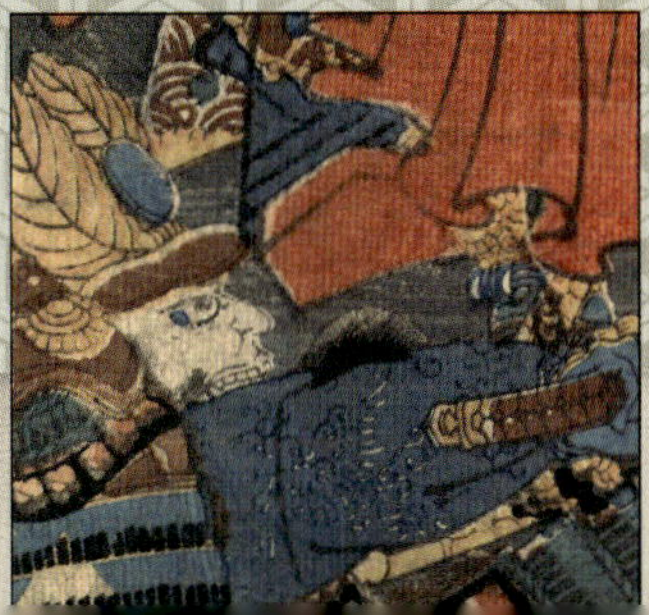

武田家臣団の評価

軍事力
騎馬軍団の存在が高得点につながった

結束力
信玄のカリスマ性により結束力は強固

忠誠力
勝頼の舵取りが失敗し離反者が出た

開拓力
領土は増やしたが開発までは至らず

情報力
家臣同士の軋轢は少なかった

合計 84.6

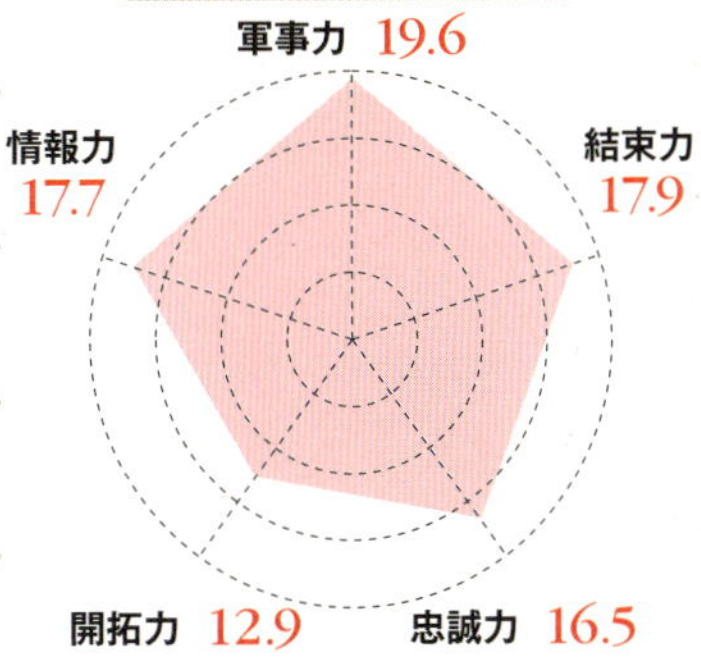

軍事力 19.6
結束力 17.9
忠誠力 16.5
開拓力 12.9
情報力 17.7

飛躍にともない武名を高め、戦国最強軍団を指揮した

武名轟く 武田二十四将

山本勘助

生年不詳。流浪の末、信玄の家臣となり軍師として活躍。永禄4（1561）年、第四次川中島の戦いで戦死。

新たに加わった家臣たちが後期武田家の石柱となる

信玄が信濃を切り取っていく過程では、武田四天王に加え、「武田の五名臣」と呼ばれた原虎胤《とらたね》、小幡《おばた》虎盛《とらもり》、横田高松《たかとし》、多田三八郎《さんぱちろう》、山本勘助《かんすけ》らが支えた。

武田四天王は武田家と縁戚関係がある一門衆や譜代家臣で、戦では侍大将として活躍した。

五名臣は信虎時代に他国から招かれたり、浪人から武田家に仕えた者たちで、勇猛果敢で武略や用兵に特に優れ、戦では足軽大将となった者。なお、信玄の家臣のうち特に優秀な者が武田二十四将と呼ばれるが、四天王のうち小山田虎満以外の全員が入っている。

初期の武田四天王や五名臣は、信濃攻略戦とそれに続く上杉謙信との川中島の戦いのなかで戦死したり、隠居した者が多かった。こうした老臣に替わり信玄を支えたのが、信玄の一門衆や代替わりした譜代衆に加え、新たに引き上げた者や新たに領地とした地域から従った者たちであった。

一門衆としては弟の信繁（典厩《てんきゅう》）や武田信廉《のぶかど》（逍遙軒《しょうようけん》）、末弟《まってい》で同族の一条家を継承した一条信龍、断絶した諏訪家を再興させるため養子に出した武田勝頼《かつより》、穴山信君《のぶただ》がいる。譜代衆では内藤昌秀《まさひで》、山県《やまがた》昌景《まさかげ》、原昌胤《まさたね》、小山田信《のぶ》茂《しげ》、土屋昌続《まさつぐ》、秋山虎繁《とらしげ》（信友）が二十四将に数えられている。信玄が新たに取り立てた家臣としては春日虎綱、馬場信春、真田幸隆《ゆきたか》とその子・信綱《のぶつな》など。このうち馬場信春、内藤昌秀、山県昌景、春日虎綱が後期の武田四天王とされる。

父・信虎が潰した名家を再興し信頼する家臣に継がせた

信玄は旧来の武将に代わる新たな家臣を引き上げるために、独自の手法を取った。それは名家といわれる譜代や国人の家を継がせるというもの。馬場信春は北巨摩の地侍・教来石《きょうらいし》氏の出であったが、信玄の初陣から信濃攻略戦にかけて数多くの武功を挙げた。信玄はその功を讃え、甲斐武田家譜代の名門・馬場家の名跡《みょうせき》を継がせたのだ。

内藤昌秀も工藤が本姓である。工藤氏は武田家の重臣であったが、武田信虎に誅《ちゅう》されて没落した。昌秀は信玄の側近として活躍し、断絶していた内藤家の名跡《みょうせき》を継承したのだ。山県昌景も飯富を名乗っていたが、信玄の命で山県姓を名乗ることに。

春日虎綱は甲斐の農民の出だが、信玄の小姓として寵愛を受けた。上杉謙信との戦いの場となった川中島に築かれた海津《かいづ》城の城代となるまで立身出世し、信濃の名族である高坂氏（香坂とも）の名跡を継いでいる。

馬場、内藤、山県は父の信虎が専制化を図ったときに反目したため、粛清された武田家譜代の家であった。信玄は、こうした家を信頼する家臣に継がせることで、没落した家臣たちの不満を和らげ、家中の統一を図ったのだ。

信玄は北信濃の領有をめぐり、川中島で越後の上杉謙信と数度にわたって対決した。永禄4（1561）年、4度目の対決となった川中島では、山本勘助が献策した「啄木鳥《きつつき》戦法」が見破られ、激戦となった。この戦いで武田信繁、山本勘助らが戦死している。

川中島の戦いと同時に、南信濃の攻略も行ない信玄は木曾義昌《よしまさ》を降伏させ、西上野や東美濃、飛騨への侵攻を開始。

川中島の戦い

激戦となった第四次川中島の戦いで、信玄は本陣に突撃してきた謙信と一騎打ちをしたという伝説が残る。

武田軍団編成図

武田信玄

- **御親類衆**
  武田勝頼・仁科盛信《にしなもりのぶ》・武田信堯《のぶたか》・穴山信君《のぶただ》・木曽義昌《きそよしまさ》
  武田信繁《のぶしげ》・武田信豊《のぶとよ》・望月信頼《のぶより》・武田信廉《のぶかど》・河窪信実《かわくぼのぶざね》
  一条信龍《のぶたつ》・板垣信安《のぶやす》・小山田信茂《おやまだのぶしげ》・葛山信貞《かつらやまのぶさだ》
- **譜代家老衆**
  秋山虎繁《とらしげ》・小宮山昌友・駒井《こまい》政直・春日虎綱・馬場信春
  山県昌景・土屋昌続・内藤昌秀・栗原詮冬《のりふゆ》・今福友清《いまふくのりきよ》
  跡部勝資《あとべかつすけ》・浅利信種《のぶたね》・小山田昌成《まさゆき》・甘利信忠《あまりのぶただ》・原昌胤《まさたね》
- **先方衆**
  【信濃】真田信綱《のぶつな》・真田昌輝《まさてる》・芦田信守《のぶもり》・保科正俊《まさとし》ほか
  【西上野】小幡信貞《おばたのぶさだ》・和田業繁《なりしげ》・高山満重《みつしげ》ほか
  【駿河】朝比奈信置《のぶおき》・岡部正綱《まさつな》ほか
  【遠江・三河】天野景貫《かげつら》ほか【飛騨】江馬輝盛《えまてるもり》
  【越中】椎名康胤《しいなやすたね》ほか【武蔵】長井政実ほか
- **国衆**
  御岳《みたけ》衆・武川《むかわ》衆・津金《つがね》衆・九一色《くいしき》衆・西之海《さいこ》衆
- **水軍**
  土屋貞綱《さだつな》・小浜景隆《おはまかげたか》ほか
- **旗本諸役人**
  今井信昌《のぶまさ》・青沼昌忠《まさただ》ほか

高坂弾正とも呼ばれた 春日虎綱

大永7（1527）年生まれ。通称は弾正忠。信玄の近習として仕え、海津城城代となり、謙信の川中島への侵攻を防ぎ、信玄の死後、勝頼を盛り立てた。天正6（1578）年没。享年52。

これらの戦いでも家臣団が奮戦し、領土を拡大していった。これにより謙信との対決は、川中島から西上野方面に移り、北信濃は信玄の勢力下に置かれることとなる。

だが、信玄が駿河に目を向けたことで、嫡男の義信《よしのぶ》との間に亀裂が生じる。義信は謀反を計画したとして幽閉され、関係した重臣たちも処断。義信を廃嫡し、四男の勝頼を継嗣にした。

武田家臣の逸話①

親子三代で信玄に仕えた真田昌幸

真田地主大権現

九度山で亡くなった昌幸の霊を祀るために建てられた。

真田氏は信濃小県《ちいさがた》郡に根を張った海野氏から出た一族とされる。真田幸隆は同族の争いにより土地を追われたが、信濃侵攻に出てきた武田信玄に従った。信玄と敵対する村上義清の砥石城を調略するなどの功を挙げ、信玄に重用されるようになる。3人の息子はいずれも信玄に近習。長篠の戦いで長男、次男が戦死すると三男の昌幸が家督を継承。武田家が滅亡すると領地を守るため奮闘した。

長篠の戦いでの敗戦から
わずか7年で武田家は滅んだ

最強家臣団の終焉

勝頼の採った拡大路線は求心力を低下させる結果に

永禄10（1567）年、信玄が義信に切腹を命じたことで、家臣団に動揺が走った。信玄は臣従を誓う起請文《きしょうぶん》を提出させて、引き締めを図る。

この翌年から武田は駿河に侵攻を開始。今川についた北条氏と争いながらも駿河を制圧し、今川氏を滅ぼした。

その後、北条氏康《うじやす》の遺言により武田と北条は和睦《わぼく》し、信玄は西上作戦に取りかかる。元亀3（1572）年、三河に侵攻した武田軍は12月に惹起《じゃっき》した三方ヶ原の戦いで徳川軍を撃破したが、翌年4月、信玄が死亡してしまう。

信玄の後継者となった勝頼は、領土拡大をめざして外征に力を入れる。信玄の遺言では武田家を継承したのは勝頼の息子・信勝《のぶかつ》であり、勝頼はその後見人という立場だった。そのカリスマ性により家臣団をまとめていた信玄より劣っていると、家臣たちからは見られており、目に見える功績を挙げることで、求心力を高めようと考えたのだ。

武田軍は東美濃の織田領や遠江の徳川領に侵攻。信玄が落とせなかった遠江の高天神城を攻略したことで、内外にその力量を示した。

しかし、武田の領土拡大策は織田・徳川と完全な対決を意味した。

天正3（1575）年4月、勝頼は徳川に寝返った長篠《ながしの》城の奥平氏を討伐するため、1万5000の兵を率いて三河に侵攻。長篠城に攻撃をかけたが、城兵が奮闘し落城を許さなかった。

徳川家康は武田軍を撃退するため織田信長に援軍を要請。信長は大兵力を率いて三河に入る。同年5月21日、徳川・織田連合軍と武田軍は、設楽原で激突したが、織田軍が大量の鉄砲による集中射撃を行ない、武田軍を壊滅させた。この戦いで武田軍は、武田四天王のうち山県昌景、馬場信春、内藤昌秀が討死。さらに二十四将のうち三枝《さいぐさ》昌貞《まささだ》、真田信綱《のぶつな》、土屋昌続《まさつぐ》、原昌胤《まさたね》も戦死するなど甚大な被害を受けた。

この敗戦後、武田家は失地回復の軍を催すが、挽回には至らなかった。

重い賦役が家臣の離反を招き武田家は滅亡する

多くの有能な家臣を失った勝頼が頼ったのが北条氏と上杉氏であった。だが、天正6（1578）年、上杉謙信が死去すると、上杉家は後継をめぐり謙信の甥・景勝《かげかつ》と北条家から入った養子の景虎《かげとら》が争い「御館《おたて》の乱」が起こる。勝頼は景勝を支援したため、乱は景勝の勝利に終わったが、北条家との関係が決裂したことで、駿河や上野で武田家と北条家による抗争が起こる。

相次ぐ出兵に家臣団の負担は大きく、また勝頼が新たな拠点として城を築こ

偉大な父の影に苦しむ 武田勝頼

画像提供：東京大学史料編纂所所蔵模写

天文15（1546）年生まれ。諏訪氏を継いだが、長男・義信の廃嫡により継嗣となる。織田軍の侵攻を受け天目山で自害した。天正10（1582）年3月11日没。享年37。

本郷チェック 武田家の優秀な家臣

武田の軍事力は一番点数が高いようですね。これは納得です。武田家は戦国随一の強力な軍事力を持っていたといわれるんですよ。

信玄は、板垣信方、甘利虎泰のふたりの重臣を上田原の戦いで失ったため、そのあと一から信頼できる家臣団を武田信玄自ら作り上げた。そうしたなか、山県昌景、馬場信春、内藤昌秀、春日虎綱、土屋昌続という連中が台頭してくるわけです。

この連中は、忠誠心も強いし結束力もあって戦闘力も高い。そういう意味では開拓力をもうちょっと高く評価してあげてもいいんじゃないかな。いわゆる武田二十四将といわれる家臣団は皆強力だったのかもしれません。また、そのなかで真田昌幸は後に10万石の大名になるのですが、ただ昌幸は武田家臣団の中では上位にいたわけじゃないんです。でも10万石の大名になった。ということは、他の家臣も生き延びていれば誰もが10万石くらいの大名になれた実力を持っていたといえるのでしょうから、これだけの高得点は納得できるのかなと思います。

長篠の戦い
武田騎馬隊を、徳川・織田軍は、馬防柵を築いて待ち受け、馬の足が止まったところを鉄砲で狙い撃ちした。

鬼美濃の異名を持つ
馬場信春

永正11(1514)年生まれ。天文15(1546)年侍大将となり、信玄の命で馬場家を復興、譜代衆となる。数々の戦に出陣し武名を挙げた。長篠の戦いでは殿軍となり戦死。享年62。

知略にも優れた武将
内藤昌秀

画像提供：犬山城白帝文庫

大永2(1522)年生まれ。本姓は工藤氏。昌豊の名で伝わる。第四次川中島の戦いで妻女山《さいじょさん》別働隊の大将として活躍した。長篠の戦いで勝頼を逃すため奮戦し戦死。享年54。

精兵の赤備えを率いた
山県昌景

享禄2(1529)年生まれ。武田家の譜代家老・飯富氏の一族。飯富虎昌が謀反に連座したため、山県に改姓。赤備えを信玄から許された。天正3(1575)年5月21日の長篠の戦いで戦死した。享年47。

うとして賦役《ふえき》を課したことで、さらに負担が増えた。

甲斐侵攻を目論む織田信長が東美濃の岩村城を攻囲した際も、各地の抗争に兵を出していたため勝頼は、援軍を送れなかった。これにより人心はますます勝頼から離れていった。

天正10（1582）年2月、織田軍と徳川軍が信濃と甲斐に雪崩込んだ。武田軍はこの侵攻に対し、組織的な抵抗ができなかった。二十四将のひとり穴山信君《のぶただ》（梅雪《ばいせつ》）や木曾義昌《きそよしまさ》の裏切りもあり、織田軍は破竹の勢いで甲府に迫った。勝頼は小山田信茂《のぶしげ》の誘いに応じ、岩殿城《いわどの》に逃げ込もうとしたが、信茂の裏切りに遭い、天目山《てんもくざん》で織田軍の追撃を受けて、討死した。

武田家臣の逸話❷

小山田信茂の裏切り

織田軍が甲府に迫ってきたとき、真田昌幸が自身の岩櫃《いわびつ》城に落ちるよう進言した。しかし勝頼の側近が反対。小山田信茂の岩殿城に向かうことを提案した。小山田氏は武田家の一門衆であり、外様の真田と比べれば信頼度が高かった。しかし信茂は勝頼を見限り織田につくことで御家存続を図り、勝頼の入城を拒否した。戦後、信茂は信長に恭順しようとしたが、信長は信茂の不忠を咎め処刑した。

第5位

毛利家で名が知られる家臣の多くが一族出身者

血縁を重視した毛利家臣団

安芸の国人領主から一代で中国の覇者となった毛利元就。血族を使い養子縁組や婚姻で他家を取り込むのと同時に、従わない者は一門衆であったとしても大胆な粛清を行なった。

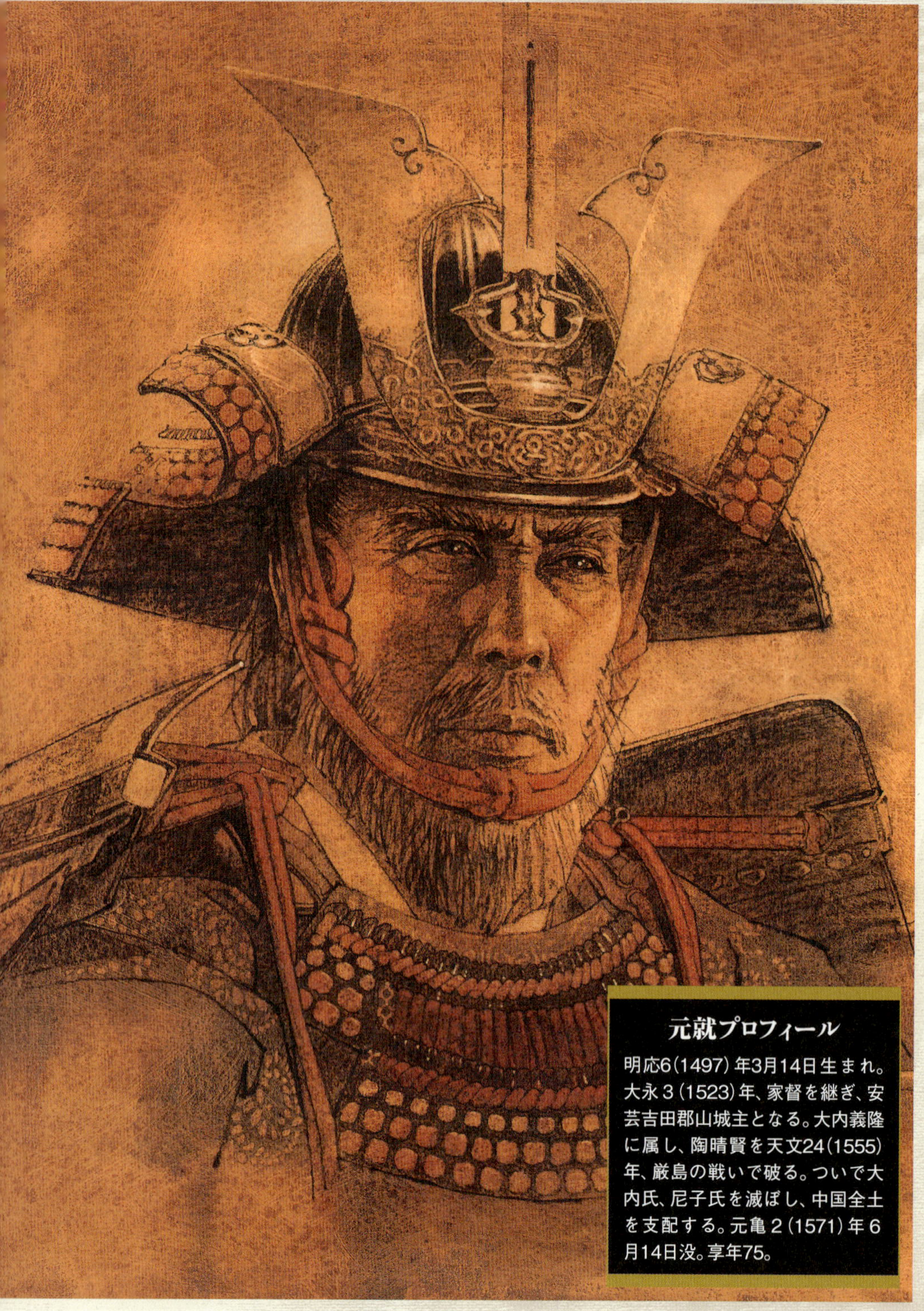

元就プロフィール

明応6（1497）年3月14日生まれ。大永3（1523）年、家督を継ぎ、安芸吉田郡山城主となる。大内義隆に属し、陶晴賢を天文24（1555）年、厳島の戦いで破る。ついで大内氏、尼子氏を滅ぼし、中国全土を支配する。元亀2（1571）年6月14日没。享年75。

毛利家臣団の評価

軍事力
陸の戦いも海の戦いもいずれもできた

結束力
一部の家臣による専横もあった

忠誠力
主要家臣は血縁で結ばれていた

開拓力
元就の遺訓により積極策は取れず

情報力
筆まめな者が多かった

合計 77.9

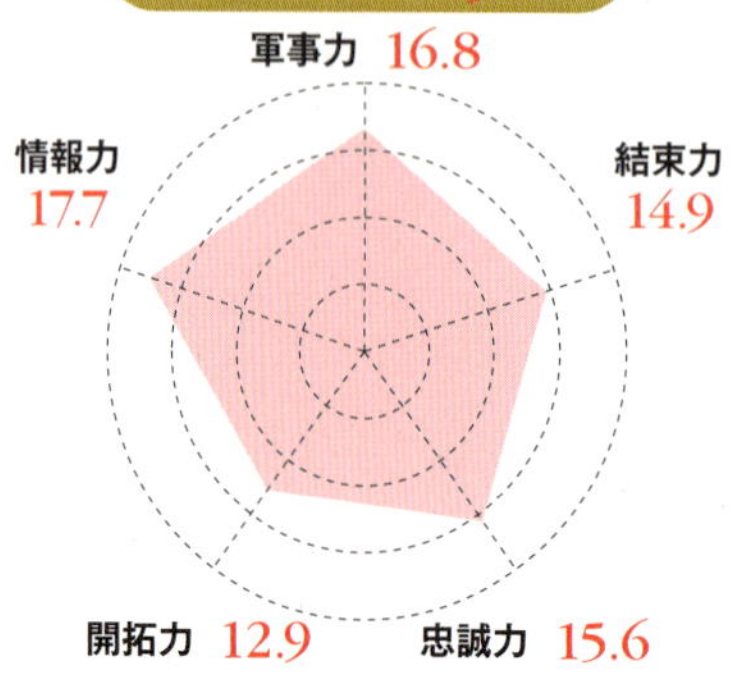

軍事力 16.8
結束力 14.9
忠誠力 15.6
開拓力 12.9
情報力 17.7

毛利元就御座備図

毛利元就が最上段に描かれ、以下長男隆元、娘婿宍戸隆家、次男吉川元春、三男小早川隆景ら有力家臣団が描かれている。

画像提供：萩博物館

毛利家臣の逸話❶

五龍局を嫁に出し一門衆とする

五龍局《ごりゅうのつぼね》は元就の娘で、15歳で敵対していた安芸の国人・宍戸隆家との和解の証として嫁《か》した。隆家は毛利の一門衆となり元就の覇権を支えた。五龍局との間に1男3女をもうけ、長女は伊予の河野通宣、次女は兄・吉川元春の長男の元長、三女は甥の毛利輝元の正室にそれぞれ嫁いでいる。五龍局は元春の正室・新庄局と仲が悪かったようで、元就の「三子教訓状」でその行状を窘《たしな》められている。

幼少期の仕打ちと異母弟の叛乱が元就のトラウマに

毛利元就は安芸の国人領主・毛利弘《ひろ》元《もと》の次男として生まれた。元就が4歳の時、父は家督を嫡男の興元《おきもと》に譲り引退。妻と元就を伴い猿掛《さるがけ》城に移った。翌年、母が死去。10歳で父とも死別する。その翌年、兄の興元が主君の大内氏に従い、京に出陣する。残された元就を後見したのが井上元盛《もともり》だが、元盛は猿掛城を横領して、元就を城から追い出してしまう。

養母に匿《かくま》われた元就は、2年後に元盛が急死したことで所領の回復を果たしたが、幼少期に受けた家臣の反抗は、元就の精神に大きな傷を与えた。

永正13（1516）年、興元が死亡し、2歳の幸松丸《こうまつまる》が元就の後見を受けて家督を継承した。家中が動揺したことを見た元安芸国守護・武田元繁は勢力回復のため、大内領へ侵攻してきた。元就は同じ大内方であった吉川《きっかわ》氏と共同戦線を張り、戦力差5倍の武田軍と交戦。大将の元繁をはじめ多くの敵将を討ち取った。この戦いにより元就の名は世に知られるようになる。西の関ヶ原とも呼ばれた、この有田中井手《ありたなかいで》の戦いでは、元就の異母弟・元綱《もとつな》や桂元澄《かつらもとずみ》、渡辺勝《すぐる》、福原貞俊《さだとし》らに加え、井上氏、坂《さか》氏、丹羽氏、粟屋《あわや》氏、児玉氏らが出陣している。

大永3（1523）年に幸松丸が死亡すると、元就が家督を継承。この頃、元就は吉川氏の誘いを受けて大内氏から尼子《あまご》氏に鞍替えをしていた。しかし、尼子経久《つねひさ》は元就の排除を密かに画策する。尼子氏の息のかかった家臣の坂広《ひろ》秀《ひで》や渡辺勝らを煽って、弟の元綱を擁立させようとしたのだ。元綱派は元就の暗殺を計画したが、元就はこれを察知。兵を出して元綱の居城を攻撃させた。元綱は戦いの中で討死、または疑いをかけられたことで憤死したとも伝わる。

元就と元綱の兄弟仲は非常に良かったようで、元就は元綱を死なせてしまったことを生涯後悔したとされる。その証拠に元綱の遺児は殺されることなく元就に保護され、後に元就が備後を攻略した際、城を与えられ「敷名《しきな》」の名字を与えられている。

こうした家臣の裏切りは、元就に家臣に拭い難い不信感を与えたのだ。

吉川家、小早川家に息子を養子として送り込み、家を乗っ取る

家族を信じて家臣は信じず

二男と三男を養子に出し「両川」体制を確立する

元綱討伐をきっかけにして元就は尼子氏と決別しただけでなく、幸松丸の外戚であった高橋興光《おきみつ》の一族を討伐する。また、長らく毛利氏と敵対していた宍戸氏に娘を嫁がせ、取り込むことに成功した。さらに周囲の安芸国人と誼《よしみ》を通じるなど、安芸国人の盟主としての地位を確立していった。

しかし、毛利家は大内家や尼子家といった強大な大名の顔色をうかがう国人領主にしか過ぎない。元就は弱い立場から脱却するための行動に出た。天文13（1544）年、強力な水軍を持ち安芸、備後、瀬戸内に勢力を張る小早川家の分家・竹原小早川家に三男の隆景を養子に出した。竹原小早川には亡き兄・興元の娘が嫁いでおり、毛利家とは親密な仲であった。小早川家は継嗣がなく当主断絶が続いており、小早川家臣から何度も元就に対して養子縁組の打診があったのだ。

天文16（1546）年には次男の元春を吉川家の養子とした。吉川家は武勇に優れた安芸と石見の有力国人で、元就の正室の生家であり、元就の妹が当主の興経《おきつね》の母という深い縁戚で結ばれている。興経は凡庸な人物で、情勢により大内氏と尼子氏の間で鞍替えを繰り返していく。そのため一門衆や家臣との対立が激しくなっていた。反興経派は毛利家から養子をもらい、興経と幼い嫡男を引退させ、家中の統一を図ろうとしたのだ。元就は養子縁組には賛成したが、興経および興経派家臣の反発を警戒した。元就の意を汲んだ家臣は興経父子を暗殺。これにより元春は吉川氏の居城に移ることができた。

同年、小早川家の本家である沼田《ぬた》小早川家の家督相続に介入している。幼少であった当主・小早川繁平《しげひら》の後見人を謀殺、繁平を出家させて隆景を当主に据えさせた。これにより、毛利両川《りょうせん》体制が確立した。

毛利家内でも大きな動きがあった。家中で大きな派閥を築いていた井上一族を粛清したのだ。これにより国人領主の集団体制を色濃く残していた毛利家の支配構造を一新。毛利家主導による家臣の統制へと移っていく。

また、相思相愛だった妻を失った反動か、元就は継室と側室を抱えている。結果、6人の男子を出産。その多くは、毛利家が膨張するなかで他家の養子に送り込まれ、毛利家の家臣として組み込まれていった。

厳島の戦いで陶晴賢に完勝中国の覇者へと駆け上がる

天文20（1551）年、大内義隆《よしたか》が家臣の陶《すえ》晴《はる》賢《かた》に討ち取られた。これを契機に毛利家は周防《すおう》・長門《ながと》の攻略に乗り出す。謀略により大内家家臣の離反や取り込みを行ない、大内家の弱体化を進め、天文24（1555）年、厳島の戦いで陶晴賢を討ち取った。その2年後には当主・大内義長を討ち取り、大内氏の領土の大半を獲得。

永禄6（1563）年には、出雲の尼子氏を滅ぼし中国の覇者となる一方、九州の大友氏とも北九州の覇権を争うようになった。

猛将として知られた
吉川元春

享禄3（1530）年生まれ。毛利元就の二男。吉川家の養子となり家督を継ぐ。尼子氏を討つなど山陰地方で毛利家拡張に尽力。天正14（1586）年、九州攻めのなか病死。享年57。

画像提供：東京大学史料編纂所所蔵模写

元亀2（1571）年、元就が死去し、嫡孫の輝元が毛利家の当主となる。元就の遺言により、毛利家は天下統一という覇業への道を求めなかった。しかし、天下布武を掲げ畿内を押さえた織田信長が中国地方に勢力を拡大してくると、徐々に領地を奪われていく。信長の後継者となった秀吉から臣従を迫られると、外交僧・安国寺恵瓊《あんこくじえけい》を窓口に交渉し、領地安堵を条件に家臣となった。

天文2（1533）年生まれ。毛利元就の三男。竹原小早川家の養子となり沼田小早川家も継ぐ。豊臣秀吉と和議を結び、豊臣五大老のひとりとなる。慶長2（1597）年死去。享年65。
画像提供：東京大学史料編纂所所蔵模写

厳島の戦い
厳島の戦いは、北条氏康の河越夜戦、織田信長の桶狭間の戦いと並び日本三大奇襲とされる戦いだ。

生年不明。臨済宗の僧。俗姓は武田。安芸で生まれる。外交僧として秀吉の信任を得て、大名の待遇を受ける。関ヶ原の戦いで西軍に属し、慶長5（1600）年、六条河原で刑死。

毛利軍団編成図

毛利元就

- **血族**
  - 小早川隆景・吉川元春・小早川秀包
  - 吉川元氏《もとうじ》・毛利元康《もとやす》・天野元政《あまのもとまさ》
  - 穂井田元清《ほいだもときよ》・毛利元秋《もとあき》
- **親類**
  - ※毛利家から分かれた庶子家
  - 福原貞俊《さだとし》（11代）・桂元澄《もとずみ》・志道広良《しじひろよし》
  - 口羽通良《くちばみちよし》・長屋吉親《ながやよしちか》
- **被官**
  - 粟屋元親《あわやもとちか》・粟屋元秀《もとひで》・飯田元親《もとちか》・赤川元保《もとやす》
  - 渡辺長《はじめ》・井原元良《いばらもとよし》
  - 吉田衆・中郡衆・佐東衆・西条衆
- **国衆**
  - 【安芸国】宍戸隆家《ししどたかいえ》・熊谷信直《くまがいのぶなお》・阿曾沼広秀《あそぬまひろひで》
  - 天野隆重《たかしげ》・平賀広相《ひろすけ》・児玉就忠《なりただ》
  - 【備後国】杉原盛重《もりしげ》・山内隆通《たかみち》・和知誠春《わちまさはる》
  - 三吉隆亮《たかすけ》
  - 【石見国】益田藤兼《ふじかね》・吉見広頼《ひろより》・小笠原長雄《ながかつ》
  - 周布元兼《すふもとかね》
  - 【周防国】杉元相《もとすけ》・内藤隆春《たかはる》
  - 【出雲国】佐世元嘉《させもとよし》・宍道隆慶《しんじたかよし》・赤穴盛清《あかなもりきよ》
  - 三刀屋久扶《みとやひさすけ》・湯原春綱《はるつな》
  - 【伯耆国《ほうきの》】南条元清

毛利家臣の逸話②

元就の恨みを買った井上元兼

櫓台とされる土塁上から見下ろした猿掛城本丸。

井上一族は、もとは毛利家と対等な国人領主だった。元就の父は井上家と縁戚を結び、井上家一門を家臣に取り込んでいく。だが、幼くして多治比《たじひ》猿掛城城主となった元就は後見人の井上元盛に城を横領され、不遇の幼少期を過ごした。井上家の勢力は強く、元盛の甥・元兼らの横柄な振る舞いは元就の恨むところが多かった。積年の恨みから天文19（1550）年に井上一族は粛清されてしまう。

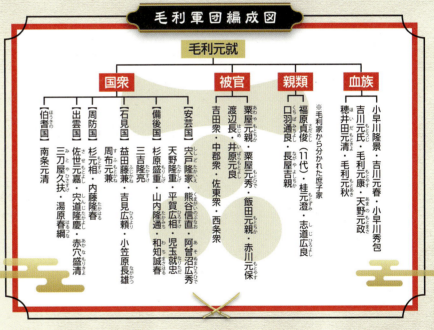

当主の意向を無視して
毛利家存続に動いた家臣たち

関ヶ原後の毛利氏

吉田郡山城跡にある毛利元就の墓。
元就死亡の翌年、孫の輝元によって
菩提寺が建立され、墓が建てられた。

東軍への寝返りを謀議した吉川広家と家老の福原広俊

豊臣政権では毛利一門は厚遇された。毛利輝元は中国の領地を安堵された。吉川元春の跡を継いだ広家は輝元に臣従する一方、小早川隆景は独立大名と認められた当初、伊予35万石、その後九州征伐の功により筑前《ちくぜん》一国と筑後《ちくご》、肥前《ひぜん》各2郡37万石余を与えられている。毛利家の外交僧として活躍した安国寺恵瓊も大名並みの知行を与えられた。

慶長5（1600）年、石田三成が徳川家康打倒の檄《げき》を飛ばすと、三成に親しかった恵瓊が応じ、輝元を大坂城に誘った。入城に際し、恵瓊とともに毛利家を運営していた輝元の従兄弟・吉川広家は反対したが、輝元は西軍の大将に祭り上げられてしまう。

徳川有利と見た広家と家老の福原広《ひろ》俊《とし》は密かに家康と通じ、知行安堵を条件に東軍につくことを約定した。それを知らずに関ヶ原に出陣した秀元は、広家の工作により「宰相殿の空弁当」と揶揄《やゆ》されてしまう。

戦後、家康は毛利家を取り潰し、広家に長門、周防28万8000石を与え、毛利家を継承させようとした。これに対し、広家は毛利家存続を家康に直訴し、輝元を隠居させ嫡男・秀就《ひでなり》に家督を継承させることで毛利家が存続することを取り付けた。

輝元は戦後、家康との約束通り引退したが、実権はそのまま握っていた。輝元は広家と秀元に所領を分けて支藩を立てさせ、秀元と広家の後見を受けた福原広俊が毛利家の運営を任された。

知行が約4分の1まで減ったことで、毛利家、吉川家とも家臣の多くを召し放った。残った家臣も知行が減じたため、不満や不和が広がっていった。

そうしたなか、萩城の築城に絡んだ横領事件が起きる。家臣の引き締めを狙った輝元は、事件を騒ぎ立てたとして熊谷元直とその娘婿の天野信元ら一族を攻め、斬首に処した。輝元は熊谷、

西軍大将格に担がれた 毛利輝元

天文22（1553）年生まれ。毛利隆元の長男。永禄6（1563）年家督を継ぐ。織田信長に対抗し、豊臣秀吉と講和。関ヶ原の戦いで西軍の大将となる。寛永2（1625）年死去。享年73。

画像提供：東京大学史料編纂所所蔵模写

本郷チェック 家臣を信頼しない元就

第5位に毛利家臣団が来ているのですが、これがどうも僕にはよくわからない。毛利というのは元就さんが非常に優秀だった。で結局、元就さんは優秀なんだけど……じつは3人の息子たち毛利隆元、吉川元春、小早川隆景に宛てた三本の矢の基になった書状があるんです。そのなかで、「中国地方はもちろんだけれども、（本拠である）安芸国においても毛利家のためになんて思っている奴はひとりもいないんだ。だから、お前たちは兄弟だけが頼りなんだから、兄弟仲良くやれ」というようなことを言っており、元就は家臣をまったく信頼していなかったわけなんです。そういう意味でも家臣団の評価が高いのはどうも納得できない。

情報力が高いのも、厳島の戦いでの情報力が高く評価されたと思うけど、あれも元就自身の情報力だし……まあ結束力が若干低めなのは、関ヶ原の戦いで徳川につくのか豊臣につくのかで家臣団がふたつに割れたからね。そういうところを見ると、結束力はこんなものかなって思います。

毛利秀元

天正7（1579）年11月7日生まれ。関ヶ原の戦い後、宗家より分与され長門長府藩の初代藩主となる。慶安3（1650）年閏10月3日没。享年72。

天野の処分に当たり、過去の横暴や軍機違反などの罪があったとしているが、これは祖父の元就が井上一族を粛清した手法を踏襲したものだった。

輝元父子を支えた毛利秀元　一時は独立の動きを見せた

家臣の引き締めはなったものの、すべてが落ち着いたわけではなかった。

慶長19（1614）年、家康が豊臣家滅亡をはかり、大坂城を攻めようとした。いわゆる大坂の陣である。輝元は秀就と秀元と謀議して、家臣に知らせることなく内藤元盛（佐野道可《どうか》）を大坂城に入城させており、後にこれを知った広家と広俊は、秀元を非難している。

輝元が死亡した後、当主の秀就を支えたのが秀元であった。秀元は検地を実施して石高を増加させ、家臣団の知行地割当と大規模な移封を行なった。また新田開発などに取り組み、藩の財政を健全化させた。さらに、秀就の後見人として幕府との折衝に当たり、三代将軍・家光の御伽衆となり、幕府との関係も修復している。

だが、次第に秀就との関係が悪化。ついには毛利家本家から独立を考えるまでになった。これは幕府の仲介により取りやめとなったが、家中に大きな動揺を与えたことは間違いない。

なお秀元の子孫は、後に毛利宗家の直系が途絶えたことで、毛利家を継承することとなった。

毛利家臣の逸話❸

吉川広家は毛利氏を救ったのか

吉川広家は元亀元（1570）年の初陣以来、毛利氏の武将として転戦。文禄・慶長の役にも出陣し勇名を馳せた歴戦の武将であった。関ヶ原の戦いで家康についたのは、武将としての経験から西軍に勝機がないと考えたためだろう。ただ、家康の天下を望む貪欲さまでは読みきれなかった。西軍が勝利すれば再び戦乱となり、その時に毛利家が存続できるか不安視したのかもしれない。

吉川広家の陣跡

関ヶ原の戦いで、吉川広家が陣を張ったとされる跡地。

第6位

軍神・上杉謙信に仕えた一騎当千の強者たちだが、独立性も強かった

義の武将に仕えた上杉家臣団

越後は上杉謙信の父・長尾為景が下克上をして守護の上杉氏から奪った地だ。上杉家臣団の独立性が強く、謙信が家督を継承したときにも、家臣団内の対立があり、そのため謙信は家臣団の統制に頭を悩ませることとなる。

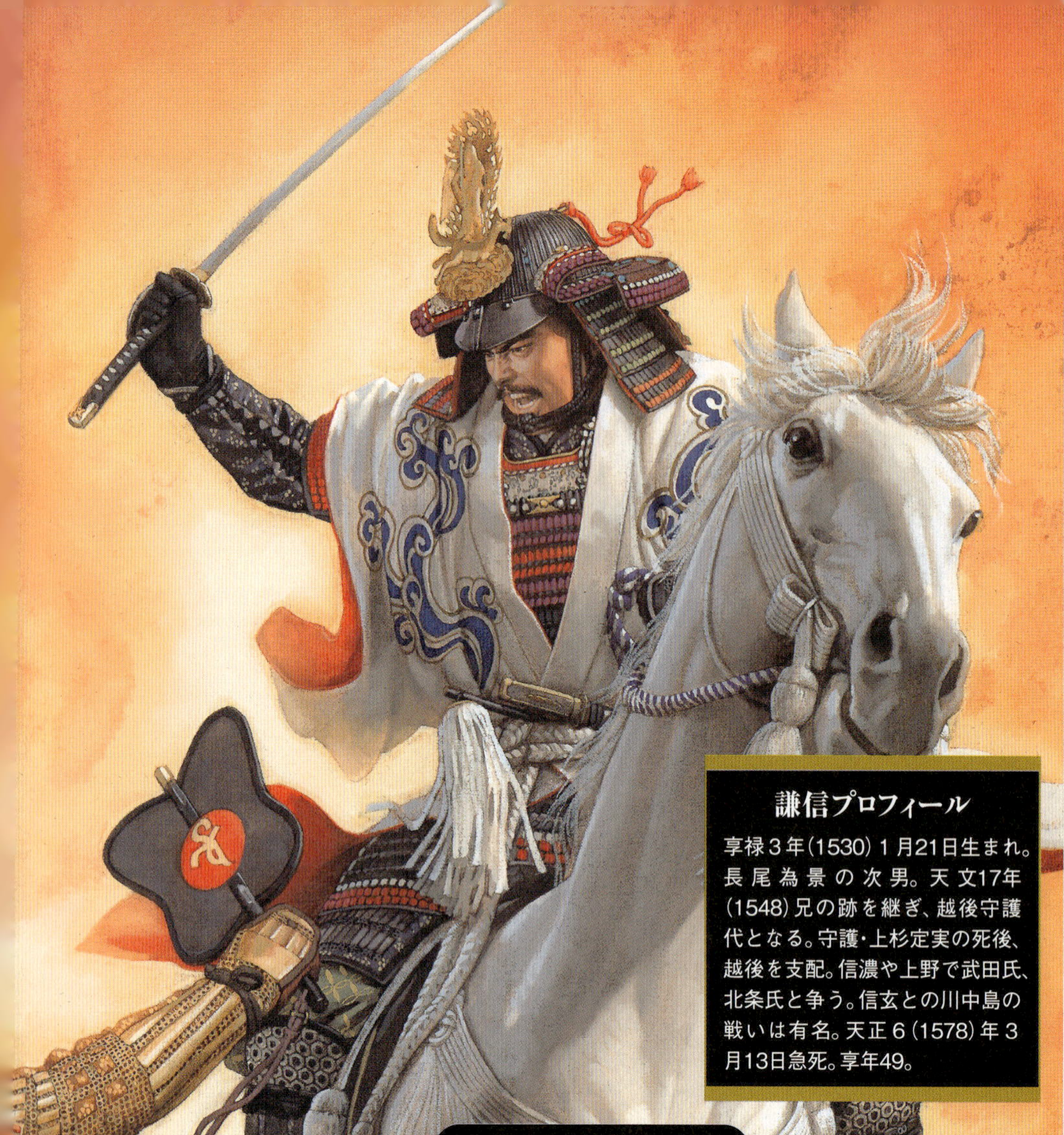

謙信プロフィール

享禄3年(1530)1月21日生まれ。長尾為景の次男。天文17年(1548)兄の跡を継ぎ、越後守護代となる。守護・上杉定実の死後、越後を支配。信濃や上野で武田氏、北条氏と争う。信玄との川中島の戦いは有名。天正6(1578)年3月13日急死。享年49。

上杉謙信関係略図

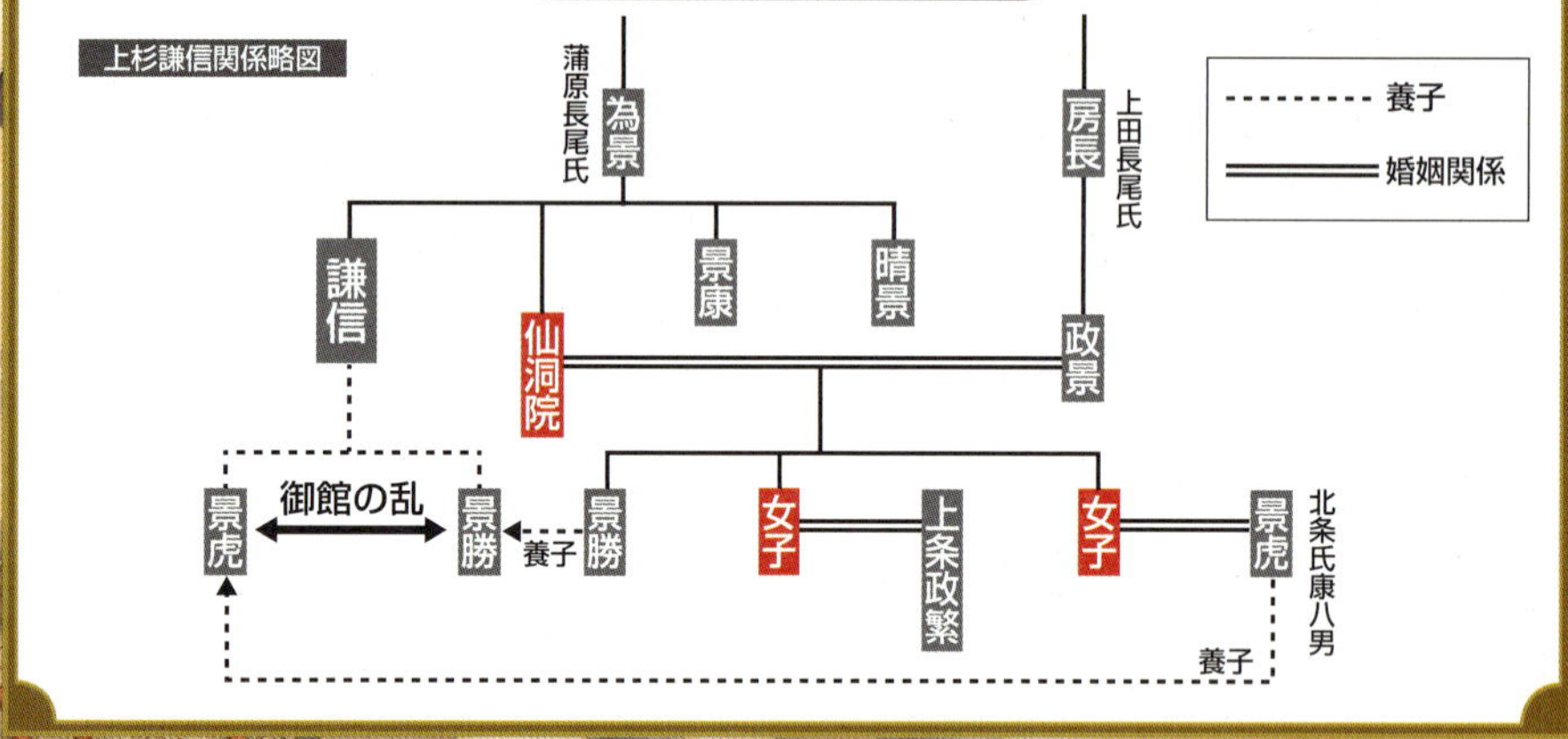

上杉謙信関係略図
蒲原長尾氏
為景
上田長尾氏
房長
養子
婚姻関係
謙信
仙洞院
景康
晴景
政景
御館の乱
景虎
景勝
養子
景勝
女子
上条政繁
女子
景虎
北条氏康八男
養子

当主の交代を要求した家臣団により謙信が擁立された

越後は山内上杉家が代々守護を務めていたが、戦国時代に入ると守護代の長尾為景が主君を追放。これに反発した一門衆や国人衆、関東管領上杉氏と激しく争っていた。為景は武力でこれを押さえ、事実上の国主となった。だが反為景派が復活。家督を長男の晴景《はるかげ》にすることで不満を解消しようとした。

だが、晴景の器量に不足があると、一部の家臣が反発。弟の謙信を擁立して家督を譲るように迫った。晴景はその圧力に負けて、謙信に家督を譲る。だが謙信の地位は不安定で、味方となる家臣も少なく、掌握している領地は中越の一部しかなかった。

そのため謙信は、一門のなかで最大の敵対勢力であった上田長尾家の長尾政景《まさかげ》に姉を嫁がせたり、山内上杉家と和睦をするなど、国内の安定に力を注

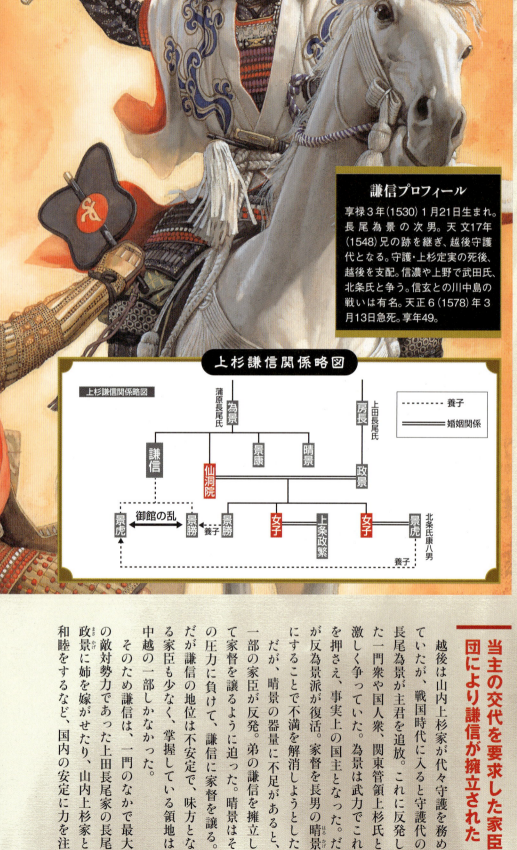

いだ。しかし、独立心の強い家臣がたびたび叛乱を起こしたため、結局武力による解決を図るしかなかった。こうした戦いで、謙信の武名が知られる。

山内上杉憲政から上杉家の家督を譲られ、謙信は越後の実権を掌握。上田長尾家を屈服させたことで、一応国内の安定を図ることができた。

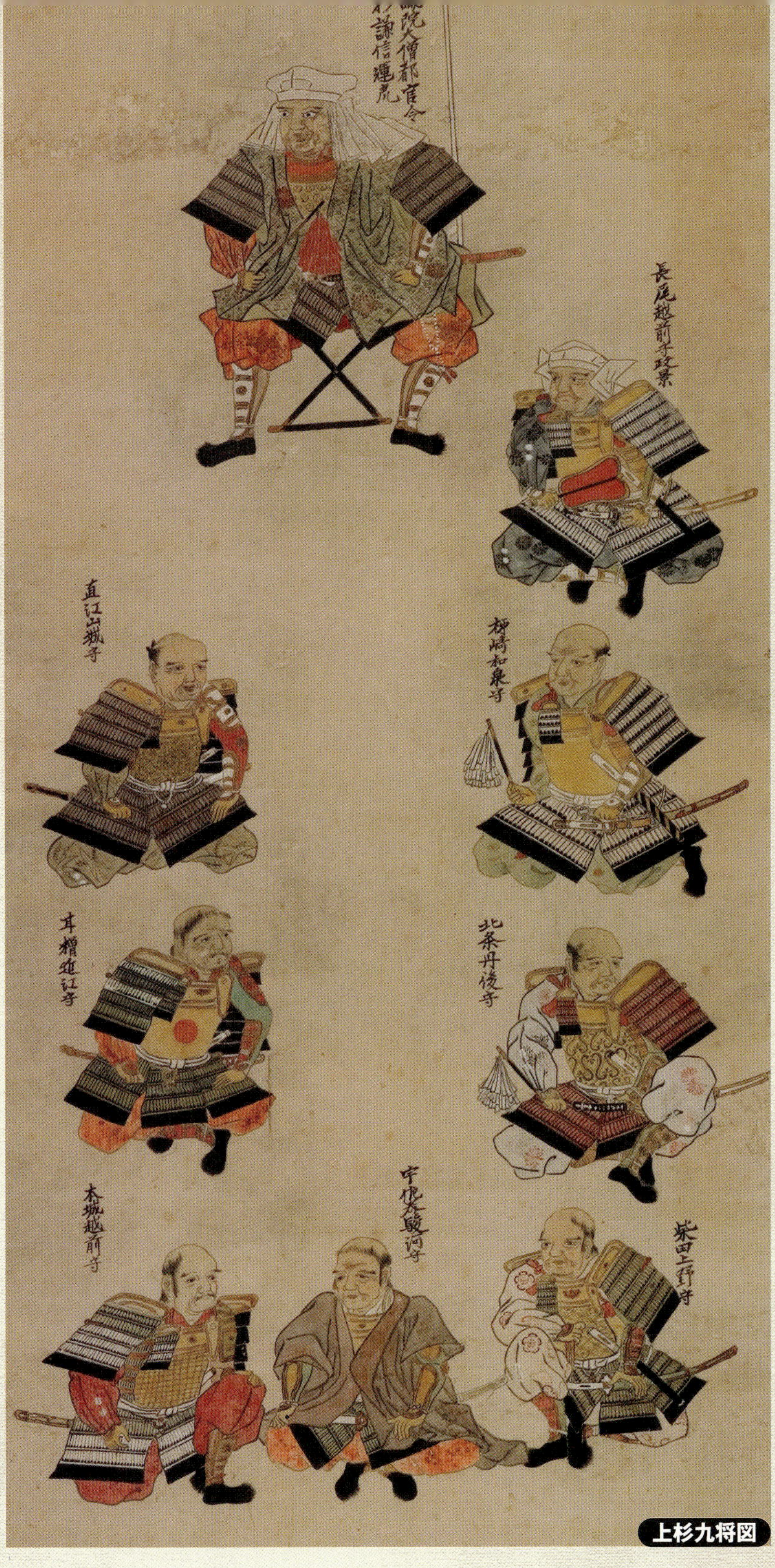

上杉九将図

上杉謙信のほか、長尾政景、北条高広、直江景綱、甘粕景持、本庄繁長、柿崎景家、新発田重家、宇佐美定満の8将が描かれている。

画像提供：米沢市上杉博物館

上杉家家臣団の扇の要　長尾政景

大永6（1526）年生まれ。坂戸城主。はじめ上杉謙信と対立するが、のちに恭順。上田衆を率い謙信の重臣として活躍した。子に上杉景勝がいる。永禄7（1564）年没。享年39。

画像提供：東京大学史料編纂所所蔵模写

宇佐美流軍学の創始者　宇佐美定満

延徳元（1489）年生まれ。上条上杉氏に属し、長尾政景と戦い、のちに謙信の家臣となる。永禄7（1564）年7月5月、長尾政景と野尻湖で舟遊び中、溺死した。享年76。

上杉家臣団の評価

軍事力	毎年の出兵で武将の練度が維持された
結束力	御館の乱が低評価の理由か
忠誠力	滅封されても景勝についていった
開拓力	開拓より略奪に力を注いだ印象が強い
情報力	独立性が高く、謙信も苦慮した

合計 71.1

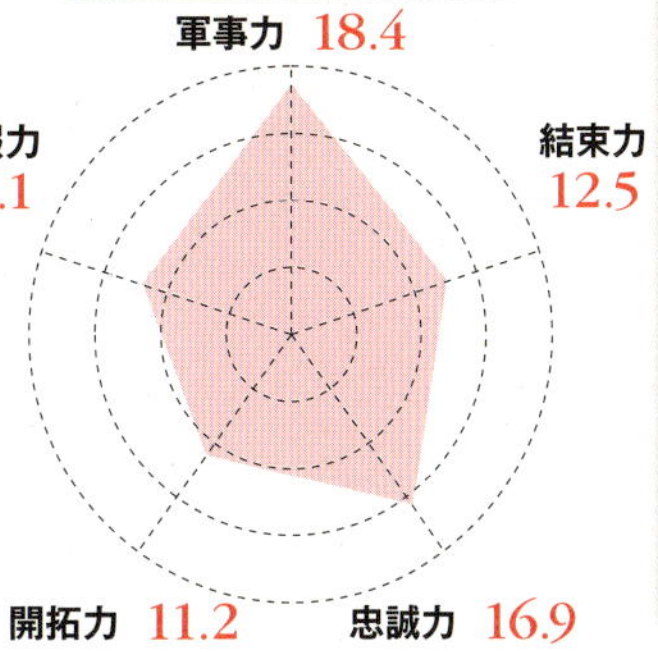

軍事力 18.4
結束力 12.5
忠誠力 16.9
開拓力 11.2
情報力 12.1

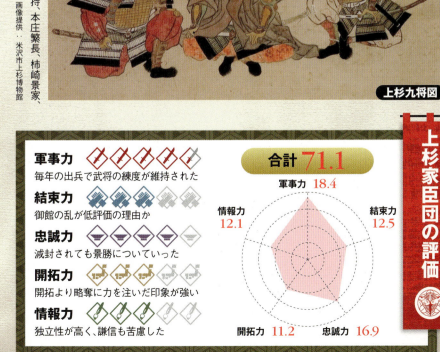

第四次川中島の戦いでの退却戦で奮戦する家臣たち

川中島での攻防戦

八幡原に布陣した武田軍を上杉軍が待ち構えていた

武田の圧迫を受けた北信濃の村上義清らが上杉謙信を頼ったことで、善光寺平をめぐり、上杉軍はたびたび川中島へ軍を出して武田軍と対峙した。そして永禄4（1561）年には、最大の激戦となった第四次川中島の戦いが起こった。

武田軍は夜陰に紛れ、別働隊で上杉軍が陣を張る妻女山《さいじょさん》を奇襲しようとした。しかし謙信はその日の夕方、武田軍の陣営から上る炊飯の煙の多さを見て、奇襲があることを察知。夜のうちに軍勢を山から下らせ、千曲《ちくま》川を渡り八幡原《はちまんばら》に向かった。

翌日早朝、武田軍は別働隊の奇襲を受けて慌てて麓に逃げ出すだろう上杉軍を挟撃するべく、朝霧煙る八幡原に布陣を開始。だが霧が晴れるとそこには、攻撃態勢を整えた上杉軍の姿があった。

謙信の号令一下、柿崎景家《かげいえ》を先鋒に上杉軍は武田本陣に襲いかかり、武田本陣まで迫った。

妻女山に登った武田別働隊の一部は、慌てて戦場へ駆けつけようとしたが、千曲川の渡し場を押さえていた甘粕景《あまかすかげ》持《もち》率いる約1000の兵に邪魔された。

武田軍の逆襲を受けての撤退戦でも上杉家臣が奮戦

戦は上杉軍優勢で始まったが、武田軍別働隊が八幡原に到着すると、逆に上杉軍が圧迫される形となった。このため戦線は乱戦となる。上杉軍の小島弥太郎《やたろう》は、武田軍の山県昌景と一騎打ちをしていたが、昌景が「主君の御曹

上杉
四天王のひとり

甘粕景持

生年不明。上杉四天王のひとり。いつ頃から謙信に仕えたかは不明。第四次川中島の戦いでは殿軍として撤退する上杉軍を支えた。子孫に大杉栄を斬殺した甘粕正彦陸軍大尉がいる。慶長9（1604）年没。

謙信も認めた猛将
柿崎景家

永正10(1513)年生まれ？ 猛将として知られ、第四次川中島の戦いでは信玄の本陣を攻めた。調薬に詳しく領民にも施し、現在でも尊崇を受ける。天正2(1574)年没。享年62。

多くの逸話が残る豪傑
小島弥太郎

生没年不明。謙信の少年時代から仕え、その豪勇ぶりから「鬼小島」と称されていた。文献に名が残されておらず実在を疑われている。第四次川中島の戦いで自害したともされる。

気性剛強で勇猛な武将
本庄繁長

天文8(1539)年生まれ。関東出兵に功があったが、一時信玄と結んで謙信と対立。出羽仙北一揆を扇動した罪で蟄居させられ、後に赦《ゆる》された。慶長18(1614)年没。享年76。

第四次川中島の戦い

この戦いは緒戦で上杉軍本隊が武田本隊を圧倒したが、数に勝る武田軍に徐々に押し返されていった。

上杉家臣の逸話❶

信玄の侵攻を防いだ長野業正

上野の長野氏は、関東管領・山内上杉氏の支配下にあった上野の国人衆の旗頭として勢力を張っており、箕輪城を根拠としていた。城主の長野業正《なりまさ》は、山内上杉氏が越後の長尾氏や相模の北条氏との争いで次第に勢力を減じるなか、箕輪《みのわ》衆と呼ばれる国人たちをまとめあげ、敵対勢力の侵攻を許さなかった。だが業正の死後は上野侵攻を本格化した信玄の圧力に抗しきれず、永禄9(1566)年、箕輪城は落城した。

箕輪城は築城されてから80年足らずで廃城となった

司（武田義信）の窮地を救いたいため、勝負を預けたい」と申し出てきた。弥太郎はこれを快諾し、槍を納めた。昌景は後に「小島は花も実もある勇士だ」と賞賛したという。

戦いは次第に数に勝る武田軍が有利となる。上杉軍は撤退に移るが、後詰を置いた横山城へ退却するため確保していた犀川《さいがわ》の渡し場が、武田軍に攻め込まれる。ここは直江景綱《かげつな》が守備していたが、武田軍の攻撃をなんとか押しとどめ、撤退路を確保し続けた。

一方、撤退する上杉軍の殿軍を任されたのは、甘粕景持だった。甘粕隊は、千曲川の防衛戦で多数の被害を出していたが、押し寄せる武田の追撃部隊を辛くも押しとどめ続けた。甘粕隊の奮戦により、上杉軍は渡河《とか》に成功し、横山城まで撤退。謙信も別ルートで戦線を離脱することに成功した。

手取川の戦い

撤退するため手取川を渡河し始めた織田軍の背後から上杉軍が襲撃。織田軍は多数の溺死者を出すなど被害は甚大、上杉軍の完勝だった。

何度も繰り返された家臣の叛乱に頭を痛めた謙信

家臣団の分裂騒動

家臣の統制に苦しんだ謙信 後継者争いでも家臣団分裂

長尾（上杉）家は家臣の独立性が高かったため、領国内では家臣同士の争いや国衆の紛争が引きも切らなかった。さらに武田信玄が調略の手を伸ばしており、家臣の叛乱も頻発した。そのため弘治２（１５５６）年、謙信は突如出家・隠居することを宣言、慌てた家臣が謙信を説得する一幕もあった（その間にも武田の調略を受けた家臣の叛乱が起こっている）。

永禄４（１５６１）年、謙信が山内上杉家と関東管領を相続してからは、家臣団のまとまりが出てきたが、それでも織田家のような強固な上下関係ではなかったようだ。謙信は関東管領となった後、毎年のように関東に出兵しているが、これも関東管領の威光を取り戻す戦いという面のほか、越後の領民を飢えさせないための出兵という意味もあったという。当時の越後は米の適作地ではない。米の収穫後に関東に

景勝の懐刀と言われた 直江兼続

永禄3（1560）年生まれ。上杉謙信、景勝に仕え、執政として家中を統轄した。徳川家康の独断を糾弾する「直江状」を出したことで知られる。元和5（1620）年没。享年61。

画像提供：米沢市上杉博物館

上杉軍団編成図

- 上杉謙信
  - 一門衆
    - 上杉景勝・村上国清（山浦景国）
    - 上杉景信・上条政繁《じょうじょうまさしげ》・枇杷島弥七郎《びわじまやしちろう》
    - 山本寺定長《さんぼんじさだなが》
  - 国人衆
    - 揚北衆・下越
      - 中条景泰《かげやす》・黒川清実《きよざね》・色部憲長《いろべのりなが》・水原隆家
      - 竹俣慶綱《たけのまたよしつな》・新発田長敦《しばたながあつ》・五十公野《いじみの》重家
      - 加地春綱《かじはるつな》・安田新太郎・下条忠親《げじょうただちか》
      - 荒川弥次郎
    - 上越・中越
      - 菅名綱輔《すがなつなすけ》（与三）・平賀重資・新津大膳亮《にいつだいぜんのすけ》
      - 斎藤朝信《とものぶ》・千坂景親《ちさかかげちか》・柿崎晴家《はるいえ》
      - 新保孫六・竹俣小太郎・山岸隼人佐《はやとのすけ》
      - 安田顕元《あきもと》・須田満親《みつちか》
  - 旗本・譜代
    - 松本鶴松・本庄秀綱《ひでつな》・吉江佐渡守《さどのかみ》
    - 山吉豊守《とよもり》・直江景綱《かげつな》・吉江資堅《すけかた》
    - 香取弥平太・河田吉久・北条《きたじょう》高定
    - 小国刑部少輔《おぐにぎょうぶしょうゆう》、長尾景直《かげなお》

※天正３年『上杉家軍役帳』より

本郷チェック “軍神”謙信の苦労

上杉家臣団は、軍事力が非常に高く評価されてますね。これは上杉謙信の“軍神”とまで謳《うた》われた戦上手を支えるだけの軍事力があったことが評価されているんでしょうね。

その一方、残念ながら結束力が全然弱い。これも確かに言えてるんです。例えば上野国を任されていた北条高広が謙信を２回も裏切ってる。しかも２回も裏切っているのに、謙信は北条高広を滅ぼして、上野国に他に人材を配置することができないわけですね。それだけやはり、家臣たちの独立性が強いとも言えるんです。だから結束力がなかなかない。それを率いて謙信は戦わざるを得なかった。そこが評価が分かれるところなんでしょう。

あと開拓力の評価が低いのは、言葉を言い換えてみると謙信は“義の人”で征服戦争はしなかったと言われてますね。また謙信は、室町幕府の秩序を非常に大事にしていて、戦国大名として自分がのし上がろうという意欲があまりなかった、というところも開拓力の評価を下げた理由なんでしょうね。

兵を移し、戦という名目で豊かな関東から略奪を行ない民を養うという、一種の公共事業の面があったとされる。

その後、謙信は将軍足利義昭の誘いに応じ、織田信長包囲網に加わるため、越中や能登、加賀に侵攻していく。手取川の戦いで織田軍を撃破したが、天正6（1578）年、急死してしまう。

謙信は不犯《ふぼん》（女性と性交しない）の誓いを立てていたため、実子がなかった。そのため後継の座をめぐって甥である景勝と北条家から養子に迎えた景虎の間で内乱が起こってしまう。いわゆる「御館の乱」だ。家臣も血統を優先する景勝派と北条との同盟を優先する景虎派に分かれ、激しく争う。約1年におよぶ戦いは、景勝派の勝利に終わった。

景勝は戦後、自身に味方した国衆への恩賞を抑え、実家である上田長尾系の家臣を取り立てるなど、謙信時代の家臣を景勝派、景虎派に関係なく粛清。家臣団の統制を掌握していく。この引き締めは、執政であった直江兼続《かねつぐ》の力量によるところも大きかった。

上杉家はその後、信長に代わり伸長してきた豊臣秀吉に臣従。秀吉の信を得て、会津120万石を有し五大老の一角を占める。秀吉の死後、天下簒奪《さんだつ》を目論む徳川家康と対峙。関ヶ原の戦い後、米沢30万石にまで減封されたが、家臣の多くはそのまま従った。

義将の名を継いだ 上杉景勝

弘治元(1556)年生まれ。父は長尾政景、母は上杉謙信の姉。豊臣秀吉の家臣となり、会津120万石を得るが、関ヶ原の戦いで徳川家康と敵対した。元和9(1623)年没。享年68。

画像提供：米沢市上杉博物館

上杉家臣の逸話❷ 臣従と離反を繰り返す北条高広

北条《きたじょう》家は越後柏崎の北条庄を本拠としていたことから北条を名乗った。高広は上杉謙信に属す国人領主だったが、天文23（1554）年、武田信玄と通じて叛乱を起こし、1年後に降伏。その後謙信に再び仕え、厩橋《まやばし》城城代に任命される。永禄10（1567）年、北条《ほうじょう》氏に寝返るも、その翌年越相同盟が結ばれたため再び帰参している。御館の乱では景虎方についている。その後も武田、織田、北条と主を変えた。

天正10（1582）年

備中高松城の戦い

羽柴家臣団 VS 毛利家臣団

高松城を水没させ、周囲を包囲する形で陣形を敷いていた羽柴秀吉。そこへ毛利軍の本隊が援軍に駆けつけた。史実では、秀吉は毛利軍と講和を結び山崎へ急ぐのだが、このとき毛利軍との間で合戦が起こっていたら、どのような展開が待ち受けていたのだろうか？

湖水の築堤を崩壊させて毛利軍を直撃させる秘策

備中高松城の水攻めで、羽柴秀吉は水没した高松城を包囲する形で布陣していた。城の南東に秀吉の本陣と羽柴秀長、東方と北方に羽柴秀勝、浅野長政、宇喜多忠家、加藤清正。西方は山内一豊や花房《はなぶさ》職秀《もとひで》（助兵衛）が布陣するだけで比較的手薄だった。

高松城を救援しようと毛利輝元は3万の軍勢で西方から進撃してきた。小早川隆景、吉川広家、穂井田《ほいだ》元清、桂元澄《もとずみ》、毛利秀包《ひでかね》など、毛利の中核をなす部隊で、戦意は旺盛だ。ところが、秀吉軍の布陣を見た隆景が、攻撃はできないと判断。西方が手薄な陣容を見て、罠だと考えた。しかし広家が、「城で餓死寸前にある味方を捨て置けない」と突撃を進言すると、輝元もそれを受け入れてしまった。

秀吉も、西方が手薄なことは承知していた。しかし、ここで包囲陣形を崩してしまうと、これまでの苦労は霧散してしまう。そこで、山内一豊に秘策を指示していたのだ。

毛利軍は西南方向から、槍の名手・穂井田元清を先鋒に突撃してきた。さらに、高松城から清水宗治が精鋭を引き連れて舟で北岸へ渡り、宇喜多隊に

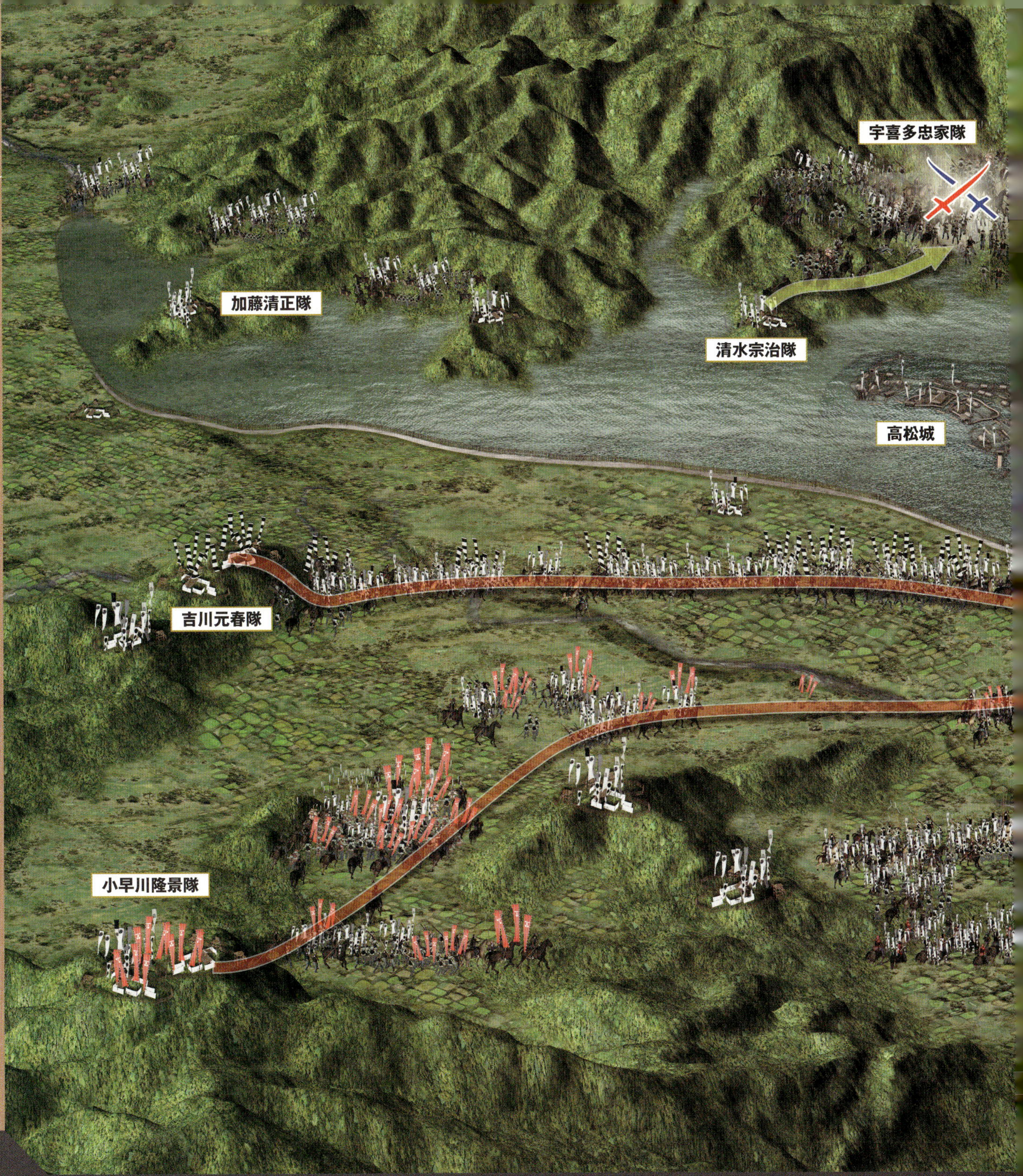
宇喜多忠家隊
加藤清正隊
清水宗治隊
高松城
吉川元春隊
小早川隆景隊

突撃。これは、秀吉軍の戦力を集中させないための攪乱作戦だった。

穂井田隊の突撃に応じて、秀吉の本陣から福島正則、加藤嘉明、脇坂安治、片桐且元らの若武者が突撃。しかし、阿修羅のように奮闘する元清を誰も止めることはできない。羽柴秀長の隊から前野長康や蜂須賀正勝などが出て、毛利軍の進出を止めようとするが、押し戻すほどの勢いはない。吉川隊や桂隊も戦線に加わり、秀吉軍は本陣をようやくのことで支えていた。

その頃、山内一豊は城の南方へと小部隊を率いて移動していた。高松城を水没させているのは、城の南方に築かれた長さ3キロほどの築堤《ちくてい》だ。城はもともと低湿地にあったため、そこを堰《せ》き止め、北側から足守川の水を引き入れただけのダムのような構造だった。一豊は築堤の数ヶ所に炸薬を仕掛けると、「それ、逃げろっ」と、本陣に向かって駆けだす。数分後、築堤は一斉に決壊して、濁流が毛利軍の後続部隊に襲いかかった。

背後を濁流に閉ざされた穂井田元清、桂元澄、吉川広家が溺死して毛利軍は総崩れとなった。秀吉軍では、築堤の崩壊後、避難が間に合わなかった山内一豊が犠牲となったが、一豊はその危険を承知で秘策を引き受けたのだった。

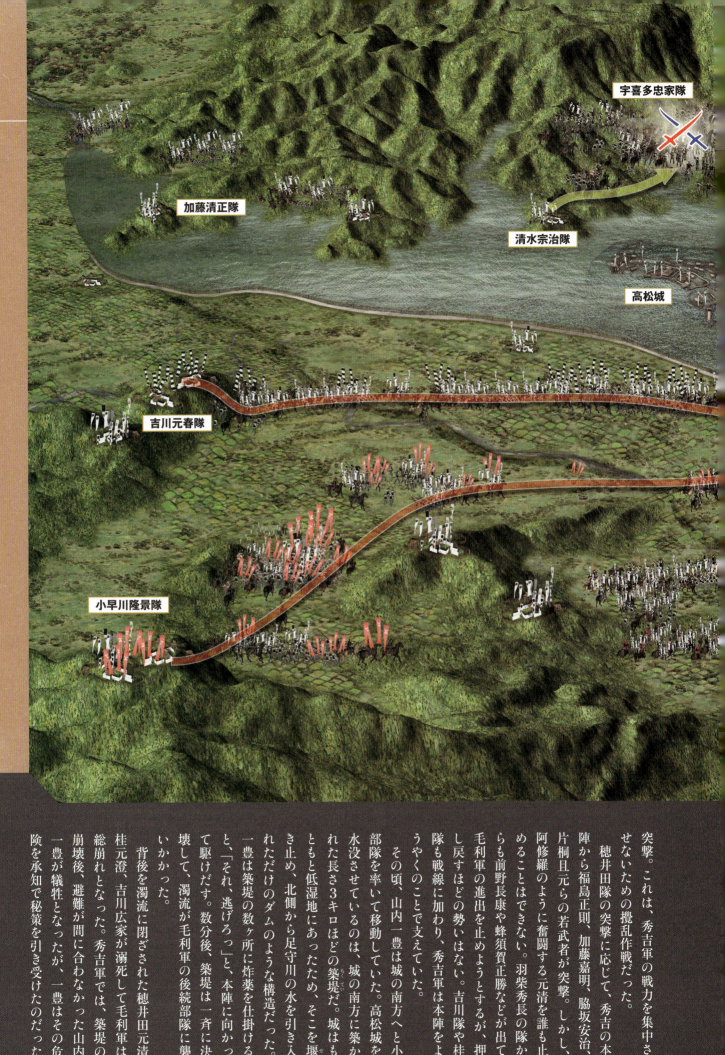

家臣団なんでもランキング ベスト3

正統派から変化球まで
独自の目線でぶった斬る!!

第3章

家臣団なんでもランキング

戦いに明け暮れた戦国家臣団を、武闘派、悲劇、背徳、醜聞、草食系など少しばかり斜めから覗いてみると、あなたの知らない意外な一面も見えてくる……かも？

歴史ライターや編集者も困惑した家臣団ランキング

動乱続きの戦国時代。自身の当主を支え戦いに挑んだ家臣団。そんな家臣団を少し違った面から覗いてみたのが「家臣団なんでもランキング」だ。

正統派の切り口である「最強の猛者揃い！　武闘派家臣団」をはじめ、「頑張っても報われない……悲劇の家臣団」「裏切り、内通……背徳の家臣団」「女性スキャンダルナンバーワン　醜聞家臣団」「武よりも文!?　じつは草食系な家臣団」「絶対に入りたくない家臣団」まで、普段ではあまり考えないような項目を評価してもらっている。

さらに「家臣団なんでもランキング番外編あやしい家臣団」として「家臣団に入れたいけど、これってどうなの？」と思えるような、「忍者」「僧侶」「穴太衆」「金山衆」「海賊衆」「雑賀衆」から、ちょっと怪しい「呪術者」までをランキングしてもらった。

常日頃から歴史で飯を食っているライターや編集者でさえも、この項目は面食らったようで「こんなランキングは家臣団の評価としては選び難い」との声も上がったが、ランキングで並べると面白い結果が出たようだ。あなたならどの家臣団を選ぶ？

＼最強の猛者揃い！／

武闘派家臣団

個人としての強さもさることながら、部隊を率いると無類の強さを発揮する猛将たち。
戦国最強は島津家久か立花宗茂、それとも武田四天王なのか!?

島津軍の突撃を受けると兵たちは旗を見ただけで恐れると言われたほど、最強の評判を取っていた。

徳重神社・殉職者の碑
義弘の死に伴い殉職した13人の家臣を弔う石碑。

第1位

最強だった島津義久の弟たち
島津家臣団

戦国最強の兵団と評された島津家臣団のなかでも、猛将としても評価の高いのは、当主の弟でもあった島津義弘と島津家久。

なかでも島津四兄弟の末弟《まってい》であった家久は積極果敢な指揮ぶりを示す部隊長であると同時に、豪傑としても全国に名が轟いていた。

天正12（1584）年の沖田畷の戦いでは、わずか3000の兵で先鋒として島原に渡った。龍造寺隆信《りゅうぞうじたかのぶ》が約3万（諸説あり）の軍で押し寄せると、島津義久の主力が到着する前に、味方の大村勢3000を加えただけで、決戦に打って出た。家久は島津家の必殺戦術である釣り野伏せを使い、龍造寺軍を狭隘地《きょうあいち》に誘い込む。自ら伏兵を指揮して突撃し、総大将の隆信まで討ち取ってしまった。

家久の強さは天下に轟き、羽柴秀吉の九州征伐での戸次川《へつぎがわ》の戦いでも、家久ひとりの奮闘で勝利を収めた。島津義久が秀吉に降伏後41歳で急死したが、家久を生かしておいてはあまりにも危険だと判断した秀吉の毒殺説が取り沙汰されることとなった。

第2位

猛将揃いだが山県が最強
武田家臣団

山県昌景《やまがたまさかげ》、春日虎綱《かすがとらつな》、馬場信春《ばばのぶはる》、内藤昌秀《ないとうまさひで》の武田四天王はいずれも猛将揃いだったが、山県昌景が突出していた。軍団の指揮とともに武芸にも優れ、武田軍団では常に先鋒を務めていた。信玄から特に信頼されて、山県の部隊は特別に赤備えを許され、戦場では赤備えを見ると敵軍はそれだけで逃げたという。戦国最強の赤備え伝説を作ったのは山県昌景が最初だった。

第3位

戦国最強のひとり立花宗茂
大友家臣団

キリスト教にのめり込むあまり、政務も放棄しがちだった大友宗麟《そうりん》を支えていたのは高橋紹運《じょううん》、立花道雪《どうせつ》などの猛将だったが、筆頭はやはり立花宗茂。朝鮮の役での碧蹄館《へきていかん》の戦いでは先鋒を務め、敵軍から「武は日ノ本随一」と称された活躍。宗茂本人の言葉として残っているように2000程度の小部隊を率いての戦闘では、天下無双だったと伝えられている。

頑張っても報われない……

悲劇の家臣団

戦国時代には主家が滅ぶことは常にあり、主家の滅亡は報われない家臣とはつながらない。だが、そうは言っても、頑張りが報われない家臣団は、やはり悲劇的と映ってしまう。

第1位 実際の実力よりも低く評価されていた 石田家臣団

石田三成

石田三成は小田原征伐での忍《おし》城攻めの失敗から、戦下手との評価を得てしまった。そこで、三成はその失敗を反省し、家臣団の戦闘力強化に邁進している。島左近《さこん》、舞兵庫《まいひょうご》、蒲生郷舎《さといえ》、高野越中《えっちゅう》などに戦闘指揮と兵の訓練を任せ、関ヶ原の戦いまでには強力な軍団を編成していた。

ところが西軍の軍評定では、味方の大名たちは三成の戦下手という評判に踊らされて、誰も三成に耳を貸そうとしなかった。その結果、三成の意図するところとは別の展開で戦が始まり、戦いに敗れて主家は滅亡してしまうことになった。

このとき、関ヶ原での石田軍団の戦いぶりは、決して弱兵ではなかった。東軍の諸将の多くが三成の笹尾山陣地に向かって突撃してきたが、島左近などが何度もそれを跳ね返す。倍する敵兵に屈することなく、東軍を崩壊寸前に追い込んでいる。三成軍の意外な強さに、徳川家康ですら驚いたと伝わり、最後まで戦線を支えていたのも石田軍だった。

笹尾山・石田三成陣跡

関ヶ原の戦いで三成の陣が置かれた笹尾山に建つ石碑。

第2位 主君の野望に翻弄された 伊達家臣団

伊達政宗は戦いでは勝利するが、そのたびに豊臣秀吉や家康のような巨大な障害が立ちふさがる。家臣団が奮闘して領土を拡大するたびに、減封されてしまうのが政宗の常態だった。それは豊臣政権下で一揆を策動してみたり、関ヶ原の戦いでは、積極的に戦おうとしなかったり、すべて政宗自身の下心の所為だ。このような主君に使えた家臣団こそ、報われない。

第3位 三日天下を支えた家臣団 明智家臣団

当時は、京を制する者は天下を制すると言われていた。本能寺の変で織田信長を討ち取った明智光秀の家臣たちも、光秀の朝廷工作で味方がどんどん参集するものと考えていただろう。しかし結局、反逆者の光秀に味方する者は皆無で、単独で山崎の戦いへ臨み、敗戦。光秀の天下は「三日天下」と呼ばれてしまった。奮闘が報われなかった家臣団としてはあまりにも哀れだ。

裏切り、内通……

背徳の家臣団

面従腹背は戦国時代にはつきもので
家臣の裏切りは数多く起こっている。
それに対しても主君は
対処できるように常に予測していたが、
なかには主家を滅亡させた
裏切りもあった。

小早川秀秋

第1位 豊臣家臣団

死後に甥に裏切られた太閤秀吉

豊臣秀吉は人誑《ひとたら》しの天才で、生前はほとんど家臣に裏切られることはなかった。しかし、家臣も納得する後継者を育てられなかったことで、その死後に次々と裏切り者を出している。豊臣政権に反旗を掲げた徳川家康や伊達政宗などもある意味では裏切りだが、やはり特筆すべきは小早川秀秋だ。

秀秋は秀吉の正室・高台院《こうだいいん》（おね）の甥で、一時は秀吉も後継候補として考えていた。だが実子の秀頼が誕生すると、小早川家へ養子に出された。秀秋自身はこのことで鬱屈し、豊臣政権に対して不満を抱いたと言われる。

秀吉の死後、関ヶ原の戦いが起こると秀秋は西軍として参加し、本戦では松尾山に布陣して西軍の陣の最右翼に構えた。ところが、徳川家康の調略の手が伸びると心がゆらぎ、戦いには参加しなかった。西軍有利に展開するとここでも心がゆらぎ、踏ん切りがつかない。しかし、家康軍に銃撃されてついに裏切り。小早川隊が西軍の大谷吉継に攻めかかったことで、西軍は崩壊してしまった。

関ヶ原・松尾山

関ヶ原の戦いで小早川秀秋が陣を敷いた松尾山。

第2位 織田家臣団

裏切られ続けた織田信長

明智光秀はもともと、流浪していた足利義昭《あしかがよしあき》に仕えていた。義昭から信長への使者を務めたことから信長に仕官することとなり、数々の戦場で手柄を立て、大名として遇された。ところが、天正10（1582）年、突如として裏切り、京で信長が宿所としていた本能寺に攻めかかる。信長が最も信頼を置いていた名将のひとりでもある光秀に裏切られ信長は、逃れるすべはないことを悟って自害してしまった。何度も家臣に裏切られた経験を持っていた信長は、ついにその裏切りで倒れてしまったのだ。光秀の裏切りの理由は、未だに謎のままである。

明智光秀

第3位 大内家臣団

下剋上で自害させられた

武芸よりも文芸を好んだ大内義隆《よしたか》は、家臣団としてランキングには漏れたが背徳の家臣団としてランクイン。下剋上の代表として語られる陶晴賢《すえはるかた》は、大内家に代々筆頭家老として仕える家柄だったが、失政を咎められて失脚すると、挙兵して山口の大内館に攻め込んだ。思いもよらない重臣の反逆に、油断していた義隆は防ぐ術を持たなかった。ついに長門・大寧寺《だいねいじ》で自害に追い込まれ、晴賢はそのまま大内家を乗っ取ることとなった。

＼女性スキャンダルナンバーワン／

醜聞家臣団

女好きは戦国時代の武将の常とはいうものの、
権力に任せてあまりにも奔放すぎると、それが醜聞となり失脚に繋がることもある。

第1位 将来を悲観して女色に溺れた 豊臣家臣団

京・聚楽第跡
秀次を切腹させたのち、秀吉は聚楽第まで破壊した。

豊臣秀次

豊臣秀吉の女好きは歴史に語り継がれているが、その血が同じだったものかどうか、秀吉の姉の子である豊臣秀次もまた、無類の女好きであった。

秀次はもともとは百姓の子だったが、秀吉が立身すると政権内に置かれ、秀吉に実子がなかったことから、後継候補の筆頭とされるようになった。秀吉の天下統一後は正式に後継者となり、天正19（1591）年には関白に任官した。

ところが、文禄2（1593）年に秀吉の側室・淀の方が秀頼を出産。それでも秀吉は秀次を関白に留め、継承権を取り上げることはしなかった。しかし秀次にとっては、将来への不安を抱くこととなったのは間違いない。

この時期から、秀次は酒色に溺れるようになっていく。関白という地位を利用して名家の娘を側室に差し出させる。女に飽きると新しい側室を次々に入れさせる。それでも飽き足らず、身元の明らかでない女郎まで引き込む始末だった。最盛期には正室の他に32人もの側室がいて、世に評判の美女ばかりだったというから、羨ましい限りではある。

ついには、面白がって妊婦の腹を裂いて、殺生関白と呼ばれるようになったとされるが、これはあくまでも伝説にすぎない。いずれにしろ、政務をほとんど顧みなくなり、美女を集めて宴会を繰り返す日々を過ごすようになっていた。

文禄4（1595）年になり、突如として秀次に謀反の嫌疑がかかる。これは些細《ささい》で信じ難いような嫌疑だったが、秀吉はこれを見逃さなかった。秀次を高野山へ追放し、程なくして切腹命令。秀次の妻子ばかりか、すべての側室までが京の三条河原に引き出されて、惨殺されてしまった。

第2位 主君自らが女狩りに邁進 大友家臣団

テーマは醜聞家臣団だが、なぜか大友宗麟《そうりん》本人の逸話がランクイン。宗麟は無類の女好きとして知られ、女をものにするためならば、手段を選ばなかった。家臣・一萬田《いちまた》親実《ちかざね》の美人妻を見初め、戦の間にものにしてしまう。戦場から戻った親実は、それを恥じ切腹してしまった。そればかりか、領民の娘を強姦するのが単なる遊びだったというから、恐れ入るよりほかはない。

第3位 主君の正室と不倫した事件 徳川家臣団

浮いた話の少ない徳川家臣団ではあるが、なんと主君の正室に手を出すというとんでもない家臣がいた。大賀《おおが》弥四郎は中間として家康に仕えたが、岡崎城で築山殿《つきやまどの》と不倫。築山殿と図って武田信玄に加担して謀反を起こそうとし、捕らえられ磔《はりつけ》になってしまった。その結果、嫡男・信康《のぶやす》が切腹させられるなどの大事件となるが、弥四郎の逸話は史料には残っていない。

＼武よりも文!?／

じつは草食系な家臣団

戦国時代で肉食系と言えば、戦闘技術に優れた猛将。
その一方で、草食系とも言える文化に優れた教養人が、家臣として立身することもあった。

第1位 豊臣家臣団

文化人にも領地を与えた教養好き

画像提供：大阪城天守閣

古田織部

加藤清正や福島正則などの肉食系ばかりが喧伝《けんでん》される豊臣家臣団だが、じつは草食系家臣もいた。千利休《りきゅう》を重臣並みに扱ったことでも知られるように、豊臣秀吉は自身にない教養を持つ者を崇敬する傾向があり、なかでも優れた者は大名にまで立身させた。そんな豊臣家臣団のなかでも第一級の教養人と言えば、古田織部《おりべ》と織田有楽斎《うらくさい》だろう。千利休の高弟でもあった古田織部は、利休の死後は天下一の茶人と称された。侘《わ》び寂《さ》びを追求したばかりではなく、陶芸などにも力を入れ、織部焼の伝統を作り上げた。武人としての功績は少ないが、3万5000石の大名となり、関ヶ原の戦いでは東軍として参戦している。

織田有楽斎は信長の末弟で、本能寺の変では二条新御所から信長の孫・三法師を助けだしたことで知られる。武功はあまりないが茶の達人として名を成し、千利休の高弟として知られた。秀吉政権下では2000石だったが、関ヶ原の戦いでは東軍に属し、戦後3万2000石の大名となった。

堺・南宗寺

古田織部が作庭したとされる大阪府堺市南宗寺の庭園。

第2位 毛利家臣団

戦いよりも絵画を好んだ

毛利元就の嫡男でありながら、父よりも先に病死してしまった隆元については、語られることが少ない。14歳で主家の大内義隆《よしたか》のもとに人質に出され3年間暮らしている。その間に、文化への造詣が深い義隆の影響を受け絵画を好んだという。温厚で篤実《とくじつ》な性格だったと伝わり、動乱の戦国期に生まれていなければ文化人大名として大成していたかもしれない。

第3位 今川家臣団

貴族趣味に生きた御曹司

海道一の弓取りとも称された今川義元だったが、その嫡男の今川氏真《うじざね》はあまりにも草食系だった。連歌の達人で蹴鞠に関しては日本一とも評された文化人だったが、武将としてはあまりにもお粗末。父の義元が桶狭間の戦いで織田信長に討たれると、その後は積極的な戦いをしない。徳川家康や武田信玄に領土を侵食されるばかりで、ついに代々続いた名家を滅亡させた。

\ 冷酷な主君に仕える不幸 /

絶対に入りたくない家臣団

冷酷で理屈の通らない主君に仕えるのは、自身の不幸にもつながるという定理は
戦国時代にも共通していて、絶対に入りたくない家臣団が、意外にも強かったりしている。

画像提供：鍋島報效会

龍造寺隆信とは義兄弟だったからか、鍋島直茂は隆信のもとでひたすら耐え、やがて平和裏に龍造寺家を簒奪した。

龍造寺氏の居城・村中城を直茂が改修・拡張させた。

第1位 冷酷非情で怪力無双の暴れ者が主君
龍造寺家臣団

龍造寺《りゅうぞうじ》隆信は肥前の熊と恐れられた猛将だったが、その名には由来がある。戦場であまりにも荒れ狂うので、敵軍に怖れられたというのではなく、冷酷非情な性格ゆえ、家臣団がそう呼んで怖れたというのだ。

龍造寺氏はもともと、肥前の名族・少弐《しょうに》氏の重臣の家柄だった。幼い時期に父が殺され、隆信は肥後に逐電《ちくでん》するなど、苦労を重ねた。成人すると挙兵して父の敵を討ち、徐々に勢力を拡大してやがては主家である少弐氏を滅亡させた。その間、何度も裏切りと離反に遭い、疑心暗鬼で冷徹な性格が構成されている。同盟者から預かった人質を平気で斬り捨てるのを見て、家臣たちから怖れられたと伝えられている。自身は怪力無双の巨漢で、武芸にも優れていたから、家臣たちは誰も反抗することはできなかった。

合戦のないときは毎日のように酒色に溺れたが、暴れる隆信を誰も制止することができない。ついには、筆頭重臣だった鍋島直茂を罷免《ひめん》したこともあった。

戦場では兵たちにひたすら突撃することを命じ、退却することを許さなかった。その最期となった沖田畷の戦いでも、闇雲に突撃したため、島津の釣り野伏せに遭い、自身まで戦死してしまった。こんな主君を持った家臣こそ、本当に不幸だと言えるだろう。

第2位 冷酷で執念深かった魔王
織田家臣団

織田信長が冷徹で、家臣を平気で斬り捨てた話は有名。そのため家臣団は信長を怖れ、失敗しないように精進した結果、信長は天下布武へ近づいた。

武功を挙げない者は容赦なく切り、重臣の佐久間信盛さえ追放された。また、林秀貞は24年も前に織田信行《のぶゆき》を担いで戦った罪を咎《とが》められ追放された。こんなに執念深い主君には絶対に仕えたくないと誰もが思うだろう。

第3位 主君の謀反の罪のとばっちり
荒木家臣団

荒木村重《むらしげ》は信長に仕える摂津《せっつ》の旗頭だったが、本願寺攻めの最中に突如として謀反。居城の有岡城は現在の兵庫県伊丹市にあり、本願寺を除けば四囲は信長の版図ばかり。すでに羽柴秀吉が中国に攻め入っていたから毛利軍の救援も望めず、絶対に勝ち目はなかった。そんな主君を裏切らず、家臣団は餓死者を出すほどの籠城戦に耐えたが、村重は家臣を見捨てて逃げている。

＼ 役に立つ者は仕官させた ／

あやしい家臣団

大名たちの領国の経営には、戦闘技術ばかりが必要なのではなかった。忍者に代表されるように、特殊な技能で家臣となった者も多くいて、家臣団の構成は多種多様だった。

天下の大泥棒・石川五右衛門は伊賀の忍び百地丹波（三太夫）の弟子で忍者だったという説もある。

岩櫃城・天狗丸
真田忍者の拠点とされる群馬県・岩櫃城の天狗丸。

第1位 忍者

課報活動を担当した特殊部隊

忍者とは、講談などに伝えられるように忍術を使い、超人的な技能を持つ戦闘集団のことではない。戦国時代では主に諜報戦に従事し、敵状の視察や後方撹乱《かくらん》、敵城内への潜入、ゲリラ戦法などを得意とした特殊戦闘集団のことを言う。

実際の合戦の場では後方任務につくことが多く、そのため史実に語り継がれる活躍をした忍者は少ない。しかし、織田信長の家臣で桶狭間の戦いの時に、今川義元の本陣の位置を探った梁田《やなだ》政綱《まさつな》のように、忍者の活動を行なった事例はいくつもある。

忍者を有効に使ったのは信長の他にも、北条家の風魔党、武田信玄の透波《すっぱ》、上杉謙信の鳶加当《とびかとう》、真田昌幸の真田忍軍、徳川家康の甲賀衆・伊賀衆などが挙げられる。

注目すべきは、徳川家康が自身の領内でもない甲賀衆や伊賀衆を使っていたことだろう。北条家などは自身の家臣団から特殊な能力を持つ者を育成して、忍軍として使っていた。

最も代表的な忍者とされる甲賀衆や伊賀衆は、徳川家ばかりではなく、傭兵となり各地の大名に使われていた。家康も、早い時期から伊賀衆の服部半蔵を家臣として使っており、弘治3（1557）年にはすでに家康のもとで戦巧を挙げていたという記述も残されている。

半蔵はやがて、徳川家臣団のなかでも重要な位置を占め、天正10（1582）年5月には家康の護衛として安土城を訪問。6月2日に本能寺の変が惹起する時には、家康とともに堺見物をしていたという。

明智軍に襲われるのを危惧した家康は、三河への逃走を開始。服部半蔵の進言で、伊賀越えの道をたどることになる。この時、半蔵が昔のつてを頼り伊賀衆や甲賀衆の助力を得ることに成功した。その結果、家康は無事に三河まで戻ることができ、伊賀衆や甲賀衆を多く採用するようになったという。やがて幕藩体制が成立すると、これらの忍者は隠密となって、幕府の諜報活動に従事することとなる。

猿飛佐助で有名な真田忍軍は、もともとは信濃の山岳修行者だった。それを真田昌幸が採用して、一流の諜報集団に仕立てあげていた。真田信繁の代となってからも真田忍軍は活動し、大坂の陣でも諜報を担当、信繁の活躍に貢献していた。

大河ドラマ「おんな城主　直虎」でも、龍潭寺（浜松市）の南渓和尚が直虎を支える軍師的な僧侶として描かれている。

第2位

僧侶

軍師や外交官として出仕した

戦国時代に大家を成した英雄たちの傍らには、僧侶がつき従っていることが多い。北条氏康には板部岡江雪斎《いたべおかこうせつさい》という軍師がいた。甲相駿三国同盟の成立に奔走し、織田信長との同盟などの成果を挙げたとされている。

その三国同盟の相手となった今川義元には、常に側近として僧侶出身の太原雪斎《たいげんせつさい》がいて、軍師としてばかりではなく、軍団の司令官としても活躍した。長く続いた織田信秀との戦いでは、義元ではなく雪斎の総指揮で多くの合戦が行なわれている。雪斎の死後、義元には昔日の勢いがなくなり、桶狭間の戦いで無様な敗戦を被ることになったとも言われている。

その他にも武田信玄には快川紹喜《かいせんじょうき》、織田信長には沢彦宗恩《たくげんそうおん》、豊臣秀吉には西笑承兌《さいしょうじょうたい》、徳川家康には天海《てんかい》という僧侶がいた。いずれも軍師ではなかったが、その博識で助言を行ない、重要な場面で外交なども任されていた。

僧侶出身で大名にまでなったのは、毛利輝元に外交僧として使われていた安国寺恵瓊《あんこくじえけい》だ。毛利家と織田信長との間で紛争が始まると、その調停のために恵瓊は何度も信長のもとを訪れ、羽柴秀吉などとも親交を深めていく。備中高松城の水攻めの最中に本能寺の変のことを知り、毛利家との和睦を進めようとした秀吉との調停に立ったのも恵瓊だった。

秀吉の天下統一後は伊予で6万石の領地を与えられ大名となった。秀吉の死後、石田三成と図って挙兵し、毛利輝元を西軍の総大将とするなどの活躍を見せている。しかし関ヶ原の戦い後に捕らえられ、京で石田三成、小西行長とともに斬首されてしまった。

第3位

穴太衆

石垣造りに特化した集団

穴太衆《あのう》は、近江の坂本を地盤とする石工の集団だった。もともとは寺社建築などに従事していたが、織田信長が安土城を築城する時、石垣の造営にこの穴太衆を起用し、豊臣秀吉も大坂城築城の時に穴太衆を雇い入れた。戦国時代の代表的な石組みとなった野面積《のづらづみ》を完成させ、その頑丈さが天下に轟くようになっていた。

豊臣政権が成立し、全国に領地を与えられた大名たちが一斉に城の建築を始めると、どの大名も争って穴太衆を雇い入れた。やがては朝鮮の役にも従軍し、倭《わ》城と呼ばれる強固な城郭を各地に残している。

穴太衆が最初に積み上げた安土城や秀吉の大坂城の石垣はなくなってしまったが、熊本城や丸亀城などにその技術を伝える石垣が残されている。

加藤清正が近江から率いてきた石工集団・穴太衆によって築かれたとされる石垣。

第4位

金山衆

鉱夫ではなく土木技術者

武田信玄が金山の操業に従事させていた金山衆《かなやま》と呼ばれる特殊技能集団がいた。もともとは鉱夫だったが、戦国大名たちは彼らをも家臣として活躍させていた。

鉱山の開発に従事させるばかりではなく、城攻めの時のトンネル掘りや水の手を断ったり、土塁を築き上げたり、堤防を決壊させたりと、金山衆の持つ土木技術は、戦場でも大いに役に立ったのだ。

武田信玄が使った金山衆は、後に重要な家臣の地位を占めるようになり、黒鍬衆《くろくわ》と特別に呼ばれた。信玄は城攻めを積極的に行なわなかったが、領内の治水や軍用道路の建設に従事させた。今でも長野県では、その一部が残されており「信玄棒道《ぼうみち》」と呼ばれる、甲斐から川中島へと続く軍用道路も黒鍬衆が築いている。

第5位

水軍として雇われた 海賊衆

戦国時代の大名たちの軍団編成では、水軍はなかった。どうしても海上での戦いが必要になると、水運に従事する者たちを傭兵として雇い入れた。それが、海賊衆だ。海賊衆と呼ばれるのは、彼らが一定の海域を縄張りとしていて、そこを通過する商船から税を取ったりしていたから。この時代の代表的な海賊衆と言えば、安房の里見水軍。志摩の九鬼水軍、紀伊の熊野水軍、瀬戸内の塩飽《し わく》水軍、村上水軍などが挙げられる。

特に村上水軍は、船舶航行数の多い瀬戸内で勢力を拡大し、戦国大名並みの戦闘力を有するようになっていた。早い時期から毛利元就《もとなり》と結びつき、天文24（1555）年の厳島の戦いの時期には、すでに毛利家の傭兵部隊となり戦っている。

安宅船

村上水軍が多用した大型船で、焙烙火矢で攻撃する他に、敵の軍船に体当りして撃沈させる能力を持っていた。

その後も毛利家との関係は続き、織田信長の本願寺攻めの時期には、本願寺へ兵糧を送り込む任務に従事。村上水軍は信長に雇われた九鬼水軍を第一次木津川河口の戦いで壊滅させた。しかし、九鬼嘉隆が鉄甲船を用意した第二次木津川河口の戦いでは、逆に壊滅的な損害を受けている。

その後も水軍の活躍は続き、豊臣秀吉の朝鮮征伐では全国から多くの水軍が集められ、朝鮮水軍と戦いを展開している。

第6位

傭兵となった鉄砲集団 雑賀衆

雑《さい》賀《か》衆とは、紀伊の雑賀の庄を地盤とする鉄砲軍団のこと。もともと門徒衆の多い地盤で、戦国時代後期には一揆勢力が独立国を形成していた。種子島に伝来した鉄砲にいち早く目をつけ、翌年から鉄砲の生産を始めている。一揆衆の地盤を確保するために、鉄砲の技術習得に邁進した。石山本願寺の戦いが始まると、雑賀衆は本願寺に合流し、織田信長の軍勢を大いに苦しめることとなる。

本願寺が織田信長と講和した後は、雑賀衆の戦闘能力に目をつけた全国の有力大名が、傭兵として雇い入れた。本拠地である紀伊の雑賀は、何度も織田信長の攻撃を跳ね返し、その棟梁である鈴木孫一の名は全国に轟いた。しかし、天正13（1582）年に羽柴秀吉が紀州征伐を行なうと、ついに本拠地の太田城は落城してしまった。

鈴木孫一

雑賀衆の棟梁が代々引き継ぐ名跡・鈴木孫一を描いた錦絵。

第7位

戦勝祈願も大真面目だった 呪術者

古来、日本では合戦の前に、敵国を調伏するための加持祈禱が行なわれるのが通常だった。蒙古襲来の時、全国の寺社が調伏を行ない、その結果として神風が吹いたと本気で信じられていたのだ。

戦国時代になってもまだ加持祈禱の習慣は残り、川中島の戦いでは飯《い》縄《づな》権《ごん》現《げん》に上杉謙信や武田信玄が祈禱を行なったという記録が残されている。

祈禱だけではなく、神道に精髄する呪術者には、どの大名も疎かにはせず、様々な場面で助言を求めることが多かった。なかでも神《しん》龍《りゅう》院《いん》梵《ぼん》舜《しゅん》は有名で、豊臣秀吉や徳川家康と交流があった記録が残されている。梵舜は長大な日記を残し、豊臣から徳川家への権力移行の暗躍を詳細に記している。

特別インタビュー

本郷和人が斬る！ 戦国家臣団の実像

戦国大名を支えた家臣団。優秀な当主がいたから家臣団が優秀に見えたのか？ それとも優秀な家臣団がいたから当主が優秀に見えるのか？ 歴史の教科書では語られることのない当主と家臣団の関係性を東京大学史料編纂所教授・本郷和人先生に尋ねてみた！

信長、秀吉、それとも家康？ 本郷先生だったら、どの武将の家臣団を選ぶだろうか？

戦国以前からの守護大名さえも〝家来あっての主人〟

戦国大名の所領だけに使われる法律に分国法があります。そのなかの、六角家の分国法を読むと明らかに家臣のほうが強いんです。そこには「家臣が主君を支えている」「家臣あっての主人である」ということが、はっきり書かれています。なので家臣が支持をしないような主人というのは存在が許されなかったということになるわけです。

そしてここで重要なのは、六角家はもともとその国の武士たちの上に立つ存在の守護大名だということなのです。

例えば、安芸国の国人、安芸国の有力武士団のひとつからのし上がった毛利家だと、家来たちの支えがあっての毛利っていう感覚があり、それは「もともとは、あいつの家はうちらとたいして変わんないんだから」という感覚で、家来あっての主人と言われるのは仕方がないことなんです。

ですが、守護大名から戦国大名になったと言われている六角家ですら「家来あっての主人だ」と言うような話になるわけで、そこから考えると戦国大名独自の権力は、そんなに強力ではなかったんじゃないかとなります。

それは戦国大名家全体として言えることで、もともと守護大名だったり、もともと名門だったりするような家ですら〝家来たちを思う通りには動かせなかった〟というのが実像だったのでしょう。そうすると当然のことながら戦国大名には、個人的な能力として優れていることが要求される。つまり〝凡庸な主君には誰もついていかない〟というわけですね。

織田家でも信長より弟の信勝（信行）のほうが優れているということで家が割れます。そういう争いは、大友家、伊達家、武田家でも起こっている。ということは、戦国大名はまず優秀さということを要求される。優秀な個人でなくてはならない。優秀な個人でなければ〝家来たちをまとめ上げることができない〟ということになるわけです。

そういうことから考えると戦国時代の各大名家というのは、まずはリーダーシップを発揮できる人でないと〝他所から攻められて潰される〟というのが常識だったのです。そして優秀な戦国大名が、いろんな策を打ち出し

PROFILE

本郷和人《ほんごう かずと》

昭和35（1960）年、東京都生まれ。東京大学史料編纂所教授。東京大学・同大学院で日本中世史を学び、東京大学史料編纂所助手として『大日本史料』第5編の編纂にあたる。著書に『真説 戦国武将の素顔』（宝島社）、『中世朝廷訴訟の研究』（東京大学出版会）、『戦国夜話』（新潮社）、『なぜ幸村は家康より日本人に愛されるのか』（幻冬舎）、『戦国武将の選択』（産経新聞出版）など多数。NHK大河ドラマ『平清盛』の時代考証も担当した。

家臣たちのポテンシャルを引き出すことが、やはり非常に重要だったのです。

優秀な当主が優秀な家臣団を用いて領土を拡大する

応仁の乱で、越前の斯波《しば》家を下克上して戦国大名・朝倉家を作った朝倉敏景は、戦国大名の走りのような人です。この朝倉敏景が家訓「朝倉敏景十七箇条」を残し「親が重職だからといって子どもを重職につけてはならない」と言い、安易な世襲を否定しています。このように戦国大名が誕生した頃から

織田信長はいち早く出自よりも才能を重視した!

大名の考え方

区分	世襲	人材登用
A	世襲ありき	他国の人間は信用しない
B	安易な世襲を否定	他国の人間は信用しない
C	安易な世襲を否定	能力があれば他国の人材も登用する

「安易な世襲をやっていると家は潰れるよ」という感覚があったわけです。

この点では進歩的だった朝倉敏景ですが、一方で「他国の人間を信用してはいかん」というようなことも言っている。こうなると人材登用といった面で、他国の人間を使うことができなくなるわけですから、人材登用の範囲が狭くなっちゃうんです。

そして「人材本位で、親が重職でも子どもは重職につけない。しかるべき能力を持っている人を重職につける」。それから「他国の人間も能力があればどんどん登用するよ」というのが織田信長の考え方なんです。信長は出自がどうあれ才能を重視しました。

他国の人間は使わない。もともとの家来間の序列や秩序を守るという六角家の考え方をAとすると、朝倉敏景の安易な世襲を否定しながら他国の人間を信用しない考え方がB、そして信長のような考え方はCとなります。

武田信玄も、出自を気にしないで人材登用しているように見えますが、信玄の家来の出自を見ていると、甲斐国、信濃国の人が多いんですね。

信玄は、駿河国を手に入れたときに、海も手にしたため、今でいう海軍を創設しなければならない。

「うちの家来どもは山育ちだから海のことはわからん」ということになり、伊勢国の海で活躍していた武士団をヘッドハンティングして連れてくるわけです。それはあくまでも単なる雇用関係ではなくて「ずっとうちの家来になれ」「武田に骨を埋めろ」という形をとって高待遇で連れてくる。信玄は、必要とあらば他国の人間も連れてきますが家臣団の中核は甲斐、信濃の人間なので、信玄はBとCの中間ぐらいと言えるのです。

戦国大名がリーダーシップを発揮して人材を登用することで、優秀な家臣団を作りあげることがまさに、戦国大名の力を強くすることなのです。戦国大名の力が強くなって新しい領地を獲得すればするほど、新しい領地に、自分の家臣を配置することができるようになります。そうなると軍事力はさらに強くなり、領地も獲得できる。家臣団を新たに編成することもできる。それが良い循環を生んでいく。まあ他国を攻めて領土を奪うことがいいことか悪いことかはわからないけど、そうやって大きくなっていくんです。

最初の、家臣あっての領主というものを克服しないと、戦国大名は生き残れないということになる。

これは、太平洋戦争後の唯物史観〝信長は単なる戦国大名で、歴史の主人公は名もない農民である〟〝信長とか、信玄とかいう英雄はいらない〟という考え方だけでは戦国時代は語れないってことなんです。

本郷和人が選ぶ 戦国家臣団ベスト3

▼殿目線で選んだ家臣団		▼家臣目線で選んだ家臣団	
第1位	石田家臣団	第1位	徳川家臣団
第2位	明智家臣団	第2位	武田家臣団
第3位	大友家臣団	第3位	毛利家臣団

殿目線だと毛利は嫌かな。だって家臣団はバカばっか（先生の主観です）な気がして。上杉家臣団はうるさそうだし、伊達家臣団は時代遅れ。殿の目線だと石田家臣団の評価は高いな。三成は自分がダメな部分を、ちゃんと家臣団で補っているじゃない。自分が戦働きが下手だと思ったら、ちゃんと戦働きのできる家臣を召し抱えてるし、それが関ヶ原での奮戦につながった。あと明智家臣団もいいかな。殿が大博打を打っても殿に従って裏切っていない。大友家臣団は大友宗麟が家臣の妻を取ったという話が多く、美人が多そうだからね。家臣目線だと織田家臣団は絶対にヤダ。豊臣もヤダな。徳川家臣団は安心のホワイト企業だよね。武田家臣団も。毛利家臣団はバカばっかだから早く出世ができそうです。

上杉家臣団 VS 徳川家臣団 関ヶ原の戦い前哨戦

石田三成の挙兵が間に合わず、実際に上杉征伐に向かった徳川軍との間に戦端が開かれたら、戦前に直江兼続が想定していた革籠原で戦いが起こったことは間違いない。そんな関ヶ原の戦いの前哨戦を架空戦記としてシミュレートしてみた！

本多忠勝隊
藤堂高虎隊
井伊直政隊

直江兼続が周到に準備した釣り野伏せで徳川軍は崩壊

上杉景勝《かげかつ》は、徳川家康によって上杉征伐が発令された時、一戦は避けられないとして必勝の態勢を立てていた。戦場は上野《こうづけ》から陸奥への玄関口となる革籠原《かわごはら》と想定し、直江兼続を総指揮官に3万5000を待機させていた。

宇都宮まで進撃した徳川軍は、そこでしばらく待機していたが、待ちかねていた上方での石田三成の挙兵の報せが届かない。家康は上杉に仕掛ける気はなかったが、参集した豊臣恩顧の大名は違った。福島正則や池田輝政が進撃を主張したため、彼らの気持ちを削ぎたくなかった家康は、仕方なく上杉領への進撃を命じてしまう。先鋒は福島正則、それに続いて池田輝政、細川忠興、黒田長政が中軍から進撃。さらに右翼に家康麾下《きか》の井伊直政、本多忠勝、さらに藤堂高虎。左翼に結城秀康、榊原康政という布陣だった。

革籠原は三方が山に囲まれた湿地帯。総指揮官となった直江兼続は右翼の山麓に水原親憲《すいばらちかのり》と甘粕景継《あまがすかげつぐ》。左翼の山麓に安田能元《よしもと》と山浦国清を置き、湿地帯の一番奥に自らと本庄繁長《しげなが》、色部光長《いろべみつなが》の本隊を置いた。そして、湿地帯の入り口には前田慶次が布陣し、徳川軍を

上杉景勝隊（白旗）
直江兼続（赤旗）
徳川家康本隊
厭離穢土欣求

湿地帯に誘い込む作戦だった。

徳川軍の先鋒となった福島隊は猛烈な勢いで突出した。それに続いて、池田隊と細川隊が追い抜く勢いで追随する。やがて前方に傾奇者《かぶき》の慶次を発見した正則は、さらに頭に血が上ってしまった。慶次の手招きに我を忘れて突撃すると、前田隊はあっけなく崩れて後退していく。だが後退しながらも慶次は盛んに罵声を浴びせるなどの挑発を繰り返した。

突出した福島隊と、それにつられた池田隊、細川隊がどんどん奥へ入っていく。黒田長政はあたりの地形を見て、伏兵の可能性を見て取り踏み留まるが、両翼を進む徳川直参衆は止まれなかった。ここで味方についた豊臣恩顧の大名たちを見捨てると、その後の戦局に大きな影響が出る。そう判断した直政と忠勝が援護するように突撃してしまい、湿地帯に足を取られて進めない。そこへ潜んでいた伏兵からの射撃を受け、徳川直参衆は夥《おびただ》しい損害を出してしまう。

孤軍となって進撃した福島隊などは、包囲陣の真ん中に入り込んだため、こちらは全滅に近い損害を出す。福島正則、池田輝政などが戦死して徳川軍は総崩れとなり、宇都宮城まで撤退せざるを得なかった。

第4章

知られざる戦国の実力者軍団

この章では第6位までに入ることはできなかった戦国家臣団を紹介。名の通った家臣団から、若干地味な知られざる家臣団まで、その実力はいかに。

片倉景綱
政宗の参加した主要な合戦に従軍した、忠義に篤《あつ》い伊達軍の軍師。通称・小十郎。「智の景綱」と称えられた。

伊達成実
「武の成実」と言われた猛将で、政宗の従弟。「決して後退しない」というムカデにあやかった兜を愛用した。

わずか5年で、奥州に広大な伊達領を築いた政宗と家臣たち

第7位

奥州最強 伊達家臣団

秀吉の発布した「惣無事令《そうぶじれい》」や上洛要請を黙殺、一揆扇動、豊臣家への遅い臣従。危うい行動の多い政宗を支えた家臣たちの苦労が偲ばれる。

伊達軍団編成図

伊達政宗

- 一門衆：伊達政道《まさみち》
  - 後見人：小原定綱《さだつな》・粟野《あわの》秀用《ひでもち》
- 三家老：伊達成実・片倉景綱・鬼庭綱元《おにわつなもと》・鬼庭左月斎《さげつさい》（死亡）
- 相伴衆：亘理元宗《わたりもとむね》・小梁川盛宗《こやながわもりむね》・伊達宗清《むねきよ》・伊達実元《さねもと》・留守政景《まさかげ》・原田長成《ながなり》・片倉景光《かげみつ》・桑折宗長《こおりむねなが》・鮎貝宗重《あゆかいむねしげ》・大内定綱《さだつな》
- 臨時相伴衆：亘理重宗《しげむね》・白石宗実《むねざね》・国分盛重《もりしげ》・村田宗殖《むねふゆ》・桑折政長《まさなが》・田手宗実
- 一家衆：石母田景頼《いしもだかげより》・大條宗直《おおえだむねなお》・柴田宗義《むねよし》・鮎貝宗盛《あゆかいむねもり》・瀬上景康《せのうえかげやす》・泉田重光《しげみつ》・秋保直盛《あきうなおもり》・小梁川宗重《こやながわむねしげ》・黒木宗俊《むねとし》・新田義綱《よしつな》・中目長重《ながしげ》
- 一族衆：大塚高頼《たかより》・中島宗求《むねもと》・大町元頼《もとより》、
- 譜代衆：桜田元親・高野親兼《ちかかね》・布施定時《さだとき》・富塚宗綱《むねつな》・浜田景隆《かげたか》・湯目景康《ゆのめかげやす》・支倉常長
- 旗本衆：後藤信康《のぶやす》・原田宗時《むねとき》・屋代景頼《かげより》・片平親綱《ちかつな》
- 外様衆：石川昭光《あきみつ》・猪苗代盛国《いなわしろもりくに》・本宮頼重《よりしげ》・保土原行藤《ほどはらゆきふじ》・田村宗顕《むねあき》・上遠野高秀《かどのたかひで》・小峰義親《よしちか》・佐藤為信《ためのぶ》・高泉高景《たかかげ》・葛西俊信《としのぶ》

※小田原征伐直前の伊達家臣団

独眼竜政宗を支えた「武の成実」「智の景綱」

父・伊達輝宗《だててるむね》の隠居に伴い17歳で家督を継いだ政宗《まさむね》は、武力による奥州統一へ乗り出した。人取橋《ひととりばし》の戦い、大崎の戦い、郡山《こおりやま》の戦い、摺上原《すりあげはら》の戦いなどを経て、奥州に広大な支配域を確立させた政宗を支えたのが、後に「武の成実《しげざね》」と称えられる伊達成実と「智の景綱《かげつな》」と評された片倉《かたくら》景綱だった。

伊達成実は、伊達家中でも随一と言われる猛将で、最上《もがみ》・蘆名《あしな》連合軍との人取橋の戦いでは伊達軍の主力となって活躍。郡山の戦いでも少ない兵で蘆名義広《よしひろ》軍を撃退し、大内定綱《さだつな》を調略。小田原征伐時には黒川城に残って留守居役を務めた。だがその後、唐突に伊達家を出奔。成実の実力を高く評価した上杉景勝《かげかつ》や徳川家康《いえやす》の仕官要請を受けるが断り、再び伊達家に帰参している。帰参後も政宗は、成実を重く用いたという。

片倉景綱（小十郎）は、政宗の父・輝宗の小姓を務めた後に政宗の近習に取り立てられた。政宗の下では主に対外交渉や軍師として活躍し、小田原征伐を前に北条家と豊臣家のどちらにつくか決めかねていた政宗に、秀吉方につくよう説得し、伊達家の本領72万石を守り切った。政宗への忠義心に人一倍篤く、妻が懐妊すると子のいない政宗に遠慮して実子を殺害しようとしたり、秀吉からの直臣への誘いも断った。疱瘡《ほうそう》にかかった政宗の失明した右目を抉り出した逸話でも知られている。

伊達家臣団の評価

合計 70.4

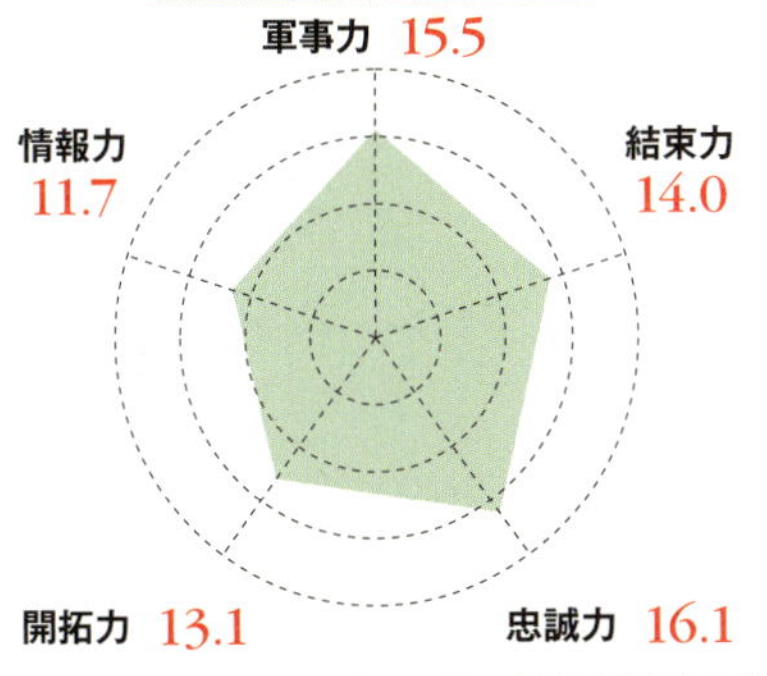

軍事力 15.5
結束力 14.0
忠誠力 16.1
開拓力 13.1
情報力 11.7

政宗 プロフィール

永禄10(1567)年8月3日生まれ。奥州を広く支配した伊達家17代当主。幼い頃に疱瘡(天然痘)にかかり、右目を失明。奥州南部を席巻した。関ヶ原の戦いでは東軍につき、仙台藩62万石の基礎を築いた。寛永13(1636)年5月24日没。享年70。

家臣の忠誠心が強さの秘密

多くの有能な家臣たちが政宗のために尽くし、時には命すらも投げ出した!

伊達二十四将図

一番上に描かれているのが伊達政宗。そのすぐ下に(左から)亘理城主・亘理元宗、政宗の従弟・伊達成実、軍師・片倉景綱(小十郎)、人取橋の猛将・鬼庭左月斎の重臣４名。以下、留守政景、大條実頼、伊東重信、後藤信康、原田宗時と続き、政宗に忠義を尽くした家臣たちが描かれている。

画像提供：涌谷町教育委員会

忠義に篤い伊達家臣たちが主・政宗のために奔走!

独眼竜政宗といえば、刀の鍔《つば》を用いた眼帯に、三日月型の前立てのついた兜を被った凛々《りり》しい武者姿が思い浮かぶだろう。そのため、さぞ合戦に強かったと思われる方も多いかもしれないが、残念ながらそうではない。政宗の合戦を検証すると、豊臣秀吉に臣従するまでに華々しい勝利を上げたのは、蘆名義広《よしひろ》軍との摺上原《すりあげはら》の戦いぐらいなのだ。しかも、この戦いの勝因が「風向きが変わったため」というから、政宗は「神頼みでしか勝てなかった」とは言い過ぎか。

郡山の戦いでは伊東重信《しげのぶ》が政宗の身代わりになり命を落とし、人取橋の戦いでは老体に鞭打って殿《しんがり》として戦い、政宗を逃がすために討ち死した鬼庭左《おにわさ》月斎《げつさい》(良直《よしなお》)に命を救われている。

鬼庭良直の嫡男・綱元《つなもと》も、政宗が葛西大崎一揆を扇動したと疑われた際に命がけで秀吉との折衝役を務めた。

他にも、上杉軍との長谷堂城の戦いで援軍の大将を務めた留守政景《るすまさかげ》。大坂夏の陣で、後藤又兵衛に自害を決意させるほどの致命傷を与える活躍を見せた片倉重長《しげなが》。この重長は病に倒れた父・景綱に代わっての参戦だった。

豊臣秀吉の大名同士の私闘を禁じた「惣無事令《そうぶじれい》」や上洛要請を幾度となく黙殺。小田原征伐時にやっと秀吉に臣従した政宗が、それでも本領を失わず、結果として仙台藩の初代藩主となることができたのも、彼ら忠義に厚い家臣団のおかげだろう。

新しい物好きの政宗 欧州に使節団を派遣する

合戦は上手くはなかった政宗も、パ

人取橋の戦い

父親を拉致された政宗が、父親もろとも畠山義継を殺害したことに端を発した、伊達軍と佐竹・蘆名連合軍の戦い。

本郷チェック

独眼竜はじつは戦が下手だった!?

伊達政宗はゲームなどでは非常に強力な軍事力を持っているように描かれるけど、実際はスカッと勝ったことはないんです。大坂の陣では喜び勇んで戦ってますが、あれは弱い者いじめ。なのでこの点数は納得です。また、姑息な手段を使い叛乱を繰り返し、領地を取り戻そうとしますが、豊臣政権の力をわかっておらず、情報力が低いのも仕方がないですね。

伊達家臣の逸話❶

政宗の命を助けた鬼庭左月斎

人取橋の戦いで伊達軍が絶体絶命のピンチに陥った時、自ら殿を買って出て政宗の命を救ったのが鬼庭良直こと左月斎だ。政宗から金色の采配を手渡された左月斎は、老齢だったために鎧や甲冑を纏《まと》わず、黄色い綿帽子をかぶった軽装で輿に乗り、わずかな手勢で人取橋に向かった。そして200を超える首級を挙げる大死闘の末、政宗が戦場から離脱するのを見届け戦死している。享年74。

人取橋の戦い古戦場

古戦場跡には戦死した鬼庭左月斎や家臣らが祀られる。

フォーマンスは見事だった。小田原に遅参した時は死に装束で現れ、文禄の役で名護屋城に入る際は、家臣団に派手な戦装束を着させ、後に「伊達者」という言葉を生んでいる。

また、スペインのサン・フランシスコ号が難破、座礁した事件をきっかけに欧州に深い興味を持つと、家臣の支《はせ》倉《くら》常《つね》長《なが》らを慶長遣欧使節団としてローマに派遣している。

政宗は〝武〟よりも〝文〟に優れた武将だったのかもしれない。そして、この生きて帰れるかもわからない長旅に多くの家臣が従ったのも、政宗に対する深い信頼や強い忠誠心があったからだろう。

慶長遣欧使節団の正使

支倉常長

元亀2(1571)年生まれ。慶長遣欧使節団を率いてヨーロッパに赴き、アジア人として初のフランシスコ派カトリックの教徒となる。元和8(1622)年7月1日没。享年52。

画像提供:東京大学史料編纂所所蔵模写

第8位

戦国一仲の良い四兄弟が、島津家を守るために死力を尽くす!

兄弟の結束と島津家臣団

大友宗麟や龍造寺隆信を倒して九州制圧に大手をかけた島津家は、家名や領地を守るために秀吉に臣従。関ヶ原の戦いの戦後処理では、じつに様々な交渉を行なって本領安堵を勝ち取った。

島津義久
島津義弘
島津歳久
島津家久

義久プロフィール

天文2(1533)年2月9日生まれ。薩摩、大隅、日向を治めた島津家16代当主。最強と謳われた島津四兄弟や家臣団をまとめ上げ、西軍に与しながらも西軍で唯一の本領安堵を勝ち取った。慶長16(1611)年1月21日没。享年79。

島津歳久

島津四兄弟の三男。兄弟たちの参謀や副官を務めることが多い武将。秀吉の不興を買い、自害に近い形で落命する。

島津家久

島津四兄弟の四男。沖田畷の戦いや戸次川の戦いで多くの有力武将を倒すも、豊臣軍との講和直後に急死した。

島津家臣団の評価

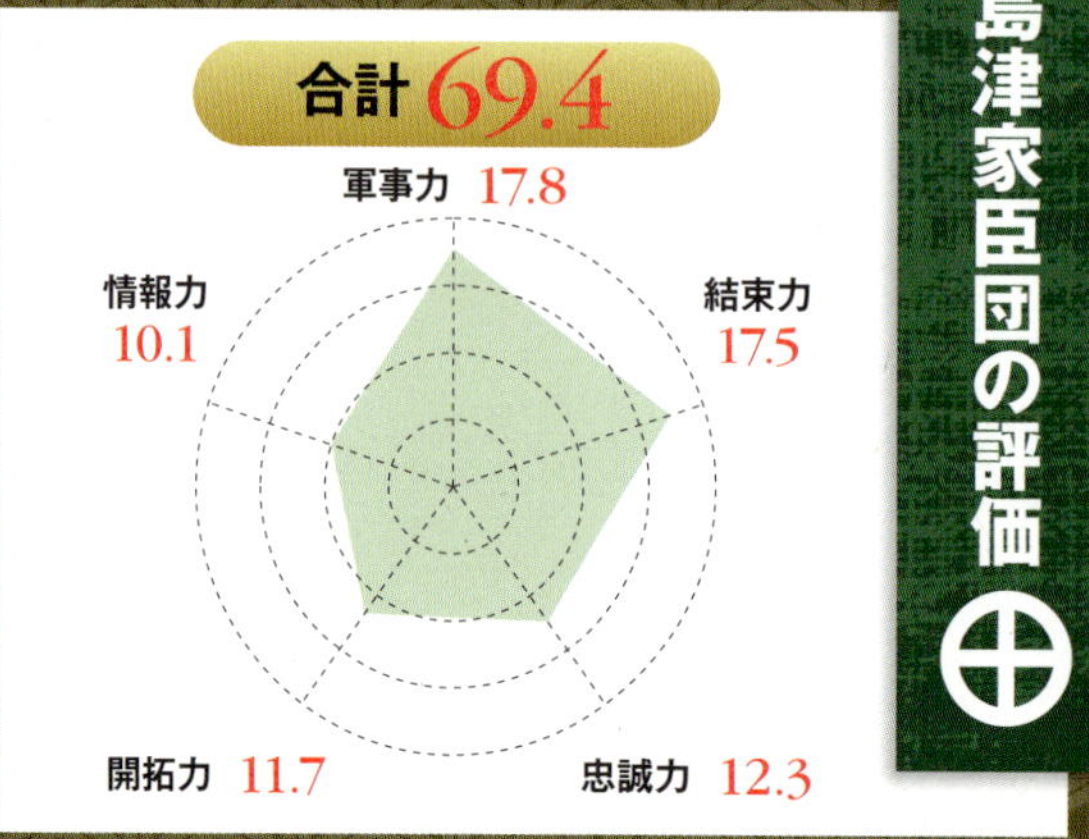
合計 69.4
軍事力 17.8
結束力 17.5
忠誠力 12.3
開拓力 11.7
情報力 10.1

島津家の繁栄を支えたのは戦国一仲の良い四兄弟!

島津家の強みは、戦国の終結期という難しい時代に、抜群の政治力に恵まれた島津義久が当主となったこと。そしてその当主を支える家臣となった弟

島津軍団編成図

島津義久

- 島津家本宗奥州島津家　島津義弘・島津歳久・島津家久・島津豊久
  - 奥州家家臣　川上忠克《ただかつ》・祁答院重種《けどういんしげたね》・本田親貞《ちかさだ》
- 薩州島津家　島津義虎《よしとら》・島津忠隣《ただちか》・島津忠辰《ただとき》
  - 薩州家家臣　平田宗張・町田久倍《ひさます》
- 伊作（相州）島津家　島津以久・島津彰久
- 伊作島津家一門衆　吉利忠澄《よしとしただずみ》・東郷重虎《しげとら》
  - 伊作家家臣　新納忠元《にいろただもと》・宮原景種・佐多忠増《ただます》
- 伊作島津家準一門　北郷忠虎《ほんごうただとら》・樺山善久《かばやまよしひさ》・樺山忠助《ただすけ》・入来院重嗣《いりきいんしげつぐ》
- 伊作島津宿老家　伊集院忠棟《ただむね》・伊集院忠真《ただざね》・伊集院久武《ひさたけ》
- 豊州島津家　島津朝久《ともひさ》
  - 豊州島津家家臣　北郷時久《ときひさ》
- 直之地頭（領主となった譜代・国人衆）　上井覚兼《うわいさとかね》・鎌田政近《まさちか》・比志島義興《ひししまよしおき》・山田有信《ありのぶ》・平田宗次《むねつぐ》・梅北国兼《うめきたくにかね》・伊地知重政《いぢちしげまさ》
- 内之地頭（領主となった有力家臣の陪臣）　川上忠智《ただとも》・五代友喜《ともよし》・上井秀秋《ひであき》・北郷久慶《ひさよし》・志和地忠綱《しわちただつな》
- 大隅国人衆　肝付兼寛《きもつきかねひろ》・種子島久時
- 肥後先方国衆　有馬晴信《はるのぶ》・相良義陽《さがらよしひ》
- 日向国人衆　福永丹後守・土持久綱
- 筑前国人衆　筑紫広門《ひろかど》・秋月種実《たねざね》

※九州平定直前

※伊作島津家は義久の祖父・貴久が奥州島津家の養子となり宗家を継承。伊作家家臣団は直臣扱いとなった。

たちが揃いも揃って武闘派だったこと。配下の薩摩兵や家臣たちも武闘派揃いだったことだろう。

長男の義久が政治家なら、次男・義弘は猛将中の猛将だった。その生涯で50以上の合戦に参加して華々しい功績を挙げ、朝鮮の役での勇猛な戦いぶりに敵からは「鬼石曼子《グイーシーマンズ》（鬼島津）」と恐れられた。

また、三男・歳久《としひさ》も総大将として横山城を攻め落とした。そして腹違いの末弟の家久《いえひさ》も一軍の将として部隊を率い、数多くの合戦で島津の勝利に貢献している。

秀吉・義久和睦の像

島津義久は秀吉の九州攻めにより豊臣家への降伏を決断。義久は剃髪して名を龍白《りゅうはく》と改め、泰平寺（薩摩川内市）で秀吉に恭順の意思を伝えた。

釣り野伏せ、捨て奸、敵陣中央突破の脱出劇……

死をも恐れぬ強者が集う

沖田畷の戦い

肥前の龍造寺隆信軍（約２万5000）を、島津家久・有馬晴信軍（約6000）が「釣り野伏せ」で撃破した戦い。

薩摩兵の強さを支えるのは強い大将と捨て身の覚悟！

永禄９（１５６６）年、父・貴久《たかひさ》の隠居に伴い島津氏16代当主となった義久は、九州の覇権をめぐり豊後《ぶんご》の大友宗麟《そうりん》と対立すると、攻め寄せる大友軍を山田有信《ありのぶ》らの活躍もあり耳川《みみがわ》の戦いで撃破。続く島原半島・沖田畷《おきたなわて》の戦いでも肥前《ひぜん》の龍造寺隆信《りゅうぞうじたかのぶ》の大軍を破り勝利している。この時活躍したのが、家久や新納忠元《にいろただもと》だった。家久らは島津家得意の「釣り野伏せ」で龍造寺軍を足場の悪い湿地に誘い出し、待ち伏せしていた鉄砲隊や弓隊を使い一気に殲滅《せんめつ》。当主・隆信を失った龍造寺家は没落していく。こうして九州統一に王手をかけた島津家だったが、その行く手に豊臣秀吉が立ちはだかった。

九州平定を目論む秀吉は、先発隊を派遣して島津家を攻撃した。その緒戦とも言える戸次川《へつぎがわ》の戦いでは、またも「釣り野伏せ」を使った家久が四国の長宗我部信親《ちょうそかべのぶちか》や十河存保《そごうまさやす》を討ち取る活躍を見せるが、豊臣秀吉率いる本隊が薩摩に迫ると、義久は島津家を守るために降伏を決意する。この降伏を受けて島津家は、秀吉から薩摩と大隅、そして日向の一部は安堵された。

秀吉が亡くなり関ヶ原の戦いが起こると、島津家は再び苦境に立たされる。島津家家臣の伊集院家との間で抗争が勃発し、その余波で義久は軍を関ヶ原へ派遣することができない。そこで京にいた義弘が総大将となり、わずかな手勢を率いて東軍に参加するため伏見城に向かうが入城を拒否され、仕方なく西軍についてしまった。

ただ本戦では、前夜に石田三成と揉めたため義弘は戦いに参加せず物見を

島津家臣の逸話

殺害された忠臣・伊集院忠棟

伊集院忠棟は、古くから義久に仕えた忠臣だ。義久が島津家の家督を継いだ際には筆頭家老となり、軍略面や政治面で義久を支えた。豊臣秀吉が台頭してくると、いち早く秀吉への臣従を主張。自ら志願して秀吉の人質となるなど秀吉に気に入られた。だが後に島津家と同格の所領を安堵されると、主家よりも秀吉を大切にしたとの嫌疑をかけられ、義弘の三男・忠恒《ただつね》に斬殺されてしまう。

新納忠元

島津四勇将のひとりで、島津家五代（忠良、貴久、義久、義弘、忠恒）に仕えた重臣。鬼武蔵と恐れられた。

沖田畷の戦いで龍造寺家は当主・隆信と四天王をはじめとする有力家臣を一気に失った。

沖田畷の戦い古戦場碑

決め込むが、西軍が総崩れになると敵陣の真っただ中に取り残されてしまう。

一度は死を覚悟した義弘だったが家久の嫡男・豊久《とよひさ》に説得され、前代未聞ともいえる「敵陣中央突破」を図っている。このとき、追いすがる東軍の兵に対して殿《しんがり》の一部を戦場に残し、全滅するまで戦い敵を食い止める「捨て奸《がまり》」を決行。家臣の長寿院《ちょうじゅいん》盛淳《もりあつ》は義弘の陣羽織を羽織って身代わりとなり戦死。豊久も命を落とした。だが、柏木《かしわぎ》源藤《げんとう》らの捨て身の活躍もあり、多数の犠牲を出しながらも義弘を無事に薩摩まで逃がすことに成功した。

このように総大将を生かすために我が身の犠牲をいとわない家臣の存在が島津軍の強さの秘密だろう。

本郷チェック

当主義久の地元愛が強すぎです

家臣団で軍事力が一番強いのが、僕は島津だと思う。だから軍事力の点数はもう少し高くても良かったのかな。島津家は、重臣の伊集院忠棟を殺したため、息子の忠真が都城で叛乱を起こしています。それが長引き関ヶ原では活躍できなかった。このように、天下の情勢に対応できなかったのは義久が地元第一主義だからで、情報力の点が低いのも仕方ありませんね。

第9位

家康を翻弄した真田家臣団

「真田家」を後世に残すためなら、親子対決・兄弟対決も辞さない！

武田家の一家臣に過ぎなかった真田家は、真田昌幸の代に戦国大名にのし上がり、次々に領主を替えながら戦国の世を渡り歩いたが、時代の流れに真田家は翻弄されてしまう。

真田軍団編成図

※第一次上田合戦直前
※1 真田信繁はこの当時、上杉家の人質だった。

真田昌幸

- 一門衆：真田信幸・真田信繁※1・矢沢頼綱《よりつな》・矢沢頼康《よりやす》・鎌原幸定《かんばらゆきさだ》
  鎌原重春《しげはる》・常田綱富《ときたつなとみ》・小山田茂誠《しげまさ》
- 譜代衆：出浦盛清《いでうらもりきよ》・春原惣右衛門《そうえもん》・丸山土佐守《とさのかみ》・望月主水・河原綱家
  宮ノ下孫兵衛《まごべえ》・矢野孫右衛門《まごえもん》・高梨内記《ないき》・湯本三郎右衛門《さぶろうえもん》
- 信濃衆：丸子三左衛門《さんざえもん》・根津昌綱《ねつまさつな》・青柳清庵《せいあん》・恩田伊賀守・蟻川入道《ありかわにゅうどう》
  河原綱家《つないえ》・浦野七佐衛門 尉《しちざえもんのじょう》
- 吾妻衆：横谷幸重・池田重安《しげやす》・一場茂右衛門・唐沢玄蕃《げんば》・富沢行連《ゆきつら》
  植栗元吉《うえくりもとよし》・鹿野勘助《かんすけ》
- 沼田衆：鈴木重則・下沼田豊前守《しもぬまたぶぜんのかみ》・恩田伊賀守《いがのかみ》・和田主殿助《とものすけ》
- 旧武田家家臣：原監物《けんもつ》・大熊常光《つねみつ》

東西に分裂しても心はひとつ すべては真田家を残すため

家を長く繁栄させたいという思いは、おそらく誰でも持っているのだろうが、真田家はそのやり方が特に巧みだった。武田家の重臣だった真田信綱《のぶつな》の跡を継いで当主となった昌幸《まさゆき》も、弱小勢力に過ぎなかった真田家を戦国の世で生き残らせるため、様々な謀略を練り、智《ち》慧《え》を絞った。そのため褒め言葉として「表裏比興《ひょうりひきょう》の者（老獪なくわせ者）」と評されている。

真田昌幸は、自身の領地を守るため武田家の滅亡後、織田信長についた。だがすぐに信長が斃《たお》れたため、北条、徳川、上杉と渡り歩き、最終的には豊臣秀吉のもとに落ち着いている。

また昌幸は、戦国の世で真田家が生き残るべく、様々な策を弄《ろう》している。その最たる例が、関ヶ原の戦いにおける親子対決・兄弟対決だろう。昌幸は関ヶ原の戦いで東軍、西軍どちらが

本郷チェック 弱小の真田家をのし上げた

忠誠力は高いけど、開拓力はメタメタです。武田家の家臣だった真田昌幸は、武田の滅亡後、家を守るため頑張って10万石の大名にのし上がるわけですから開拓力をもう少し評価してあげても良かったのかな。また、当時の戦いは数の勝負でしたが、寡兵《かへい》でも徳川相手に頑張った。大坂の陣でも頑張った。でもそれにしては軍事力の評価がシビアですね。

昌幸 プロフィール

天文16(1547)年生まれ。武田信玄に仕えていた稀代の謀将。武田家滅亡後は大名として独立、北条家、徳川家、上杉家を経て豊臣家に臣従。関ヶ原の戦いでは西軍につき、徳川秀忠《ひでただ》の大軍を上田城で食い止めた。慶長16(1611)年6月4日没。享年65。

真田家臣団の評価

合計 69.0

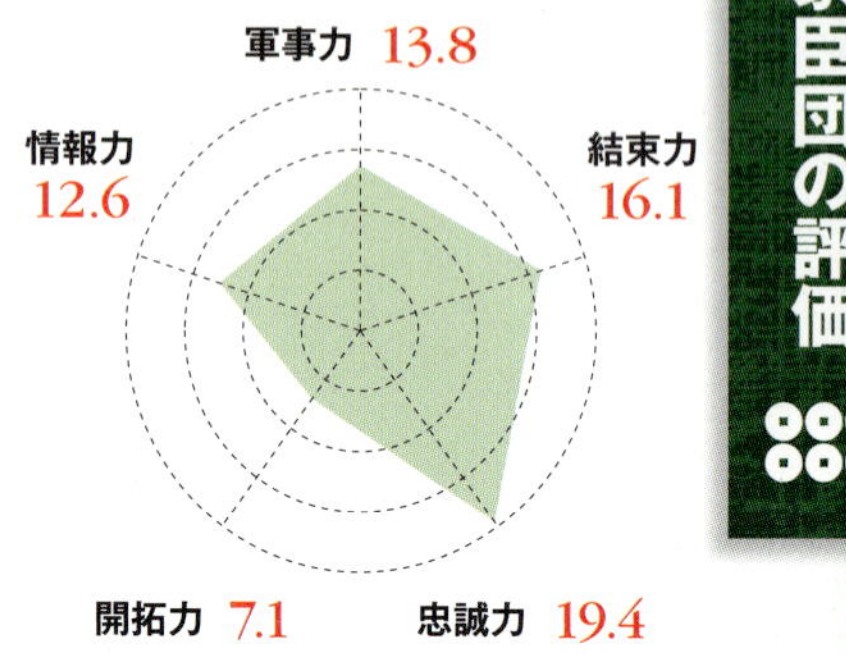

軍事力 13.8
結束力 16.1
忠誠力 19.4
開拓力 7.1
情報力 12.6

出浦盛清は甲州忍者の棟梁か？

出浦盛清（昌相《まさすけ》）は、真田家の家臣として、また甲州忍者を取り仕切る棟梁として活躍したとされる人物だ。そして真田信之が信濃松代《まつしろ》藩の藩主となった後は、松代藩で忍者の棟梁となったと伝わるが、実際には忍者ではなかった。小田原征伐における“忍《おし》”城の戦いで豊臣方の一員として活躍したことが後世に誤って伝わり、盛清が“忍”者ということになってしまったという説が有力のようだ。

岩櫃城・出浦渕

真田昌幸の居城・岩櫃城には盛清の屋敷跡が残されている。

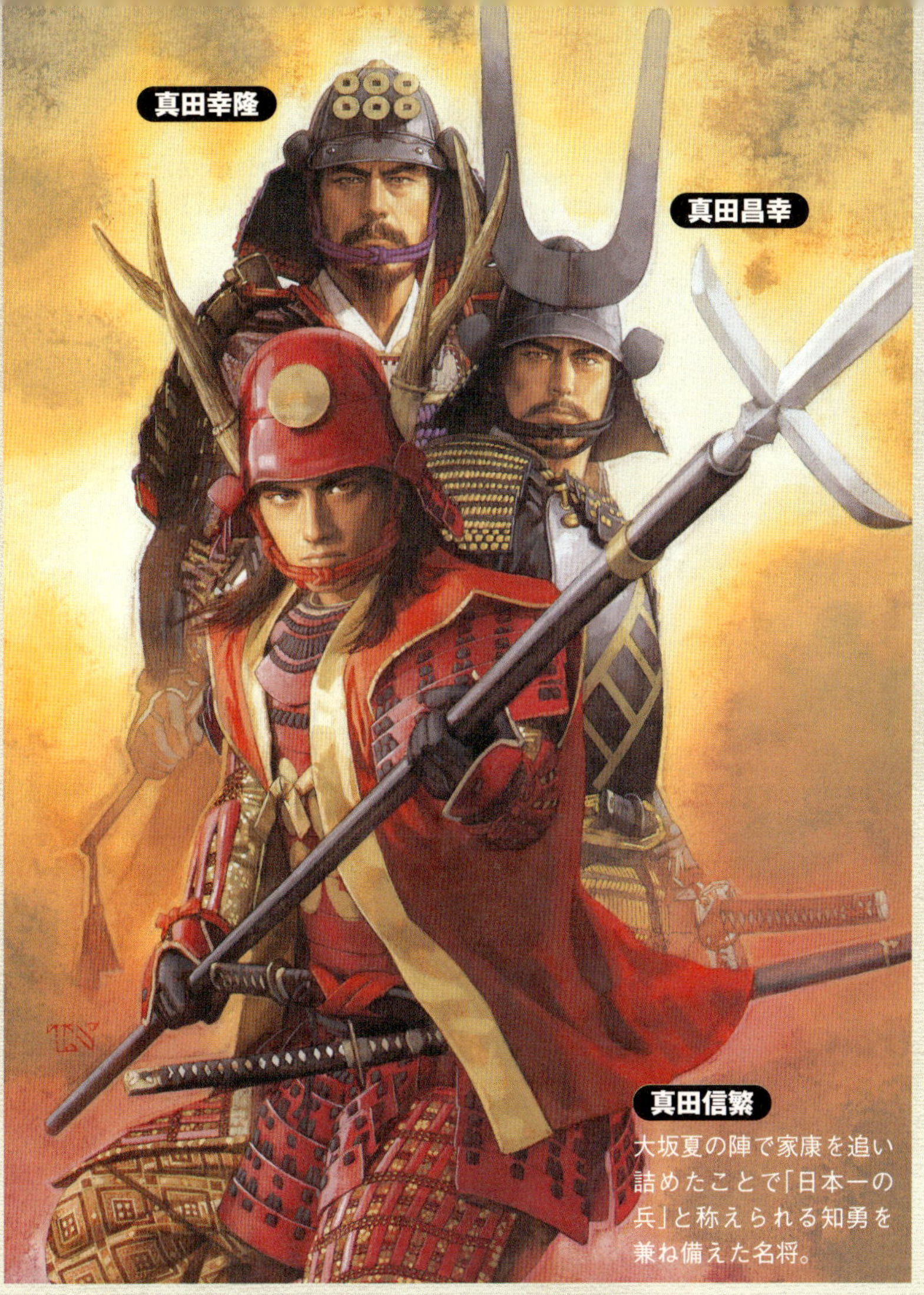

大坂夏の陣で家康を追い詰めたことで「日本一の兵」と称えられる知勇を兼ね備えた名将。

勝っても真田家が滅亡することのないように、自分と次男の信繁《のぶしげ》（幸村）を西軍に、本多忠勝の娘・小松姫を娶った嫡男・信幸《のぶゆき》を東軍に味方させた。このとき家臣もふたつに分け高梨内記《たかなしないき》らは昌幸・信繁に従い、大熊常光《おおくまつねみつ》や唐沢《からさわ》玄蕃《げんば》らは信幸に従っている。

そのため、徳川秀忠軍と真田軍が激突した第二次上田合戦では、真田兵の同士討ちを防ぐため、信繁の守る上田城の支城・戸石城が信幸軍に攻められると戦わずして城を開け渡したという。

この東軍と西軍に分かれる策は功を奏し、徳川の家臣として生き残った信之（信幸から改名）が継いだ真田家は、後に本領の沼田に加え信濃松代を与えられている。

兄と旧家臣に補佐されながら紀州・九度山で生き抜く

一方、関ヶ原の戦いで敗れた西軍に属した信繁は、戦後に父・昌幸とともに紀州九度山に配流されてしまう。しかしその間も、兄・信之からの食料や金銭の支援は河原綱家《つないえ》ら旧家臣によって届けられていた。昌幸の病没後も、つき従った家臣団と真田紐《ひも》を作りながらじっと耐え、ついに大坂城からの要請を受けると、信繁は九度山を抜け出して大坂城へ入城した。

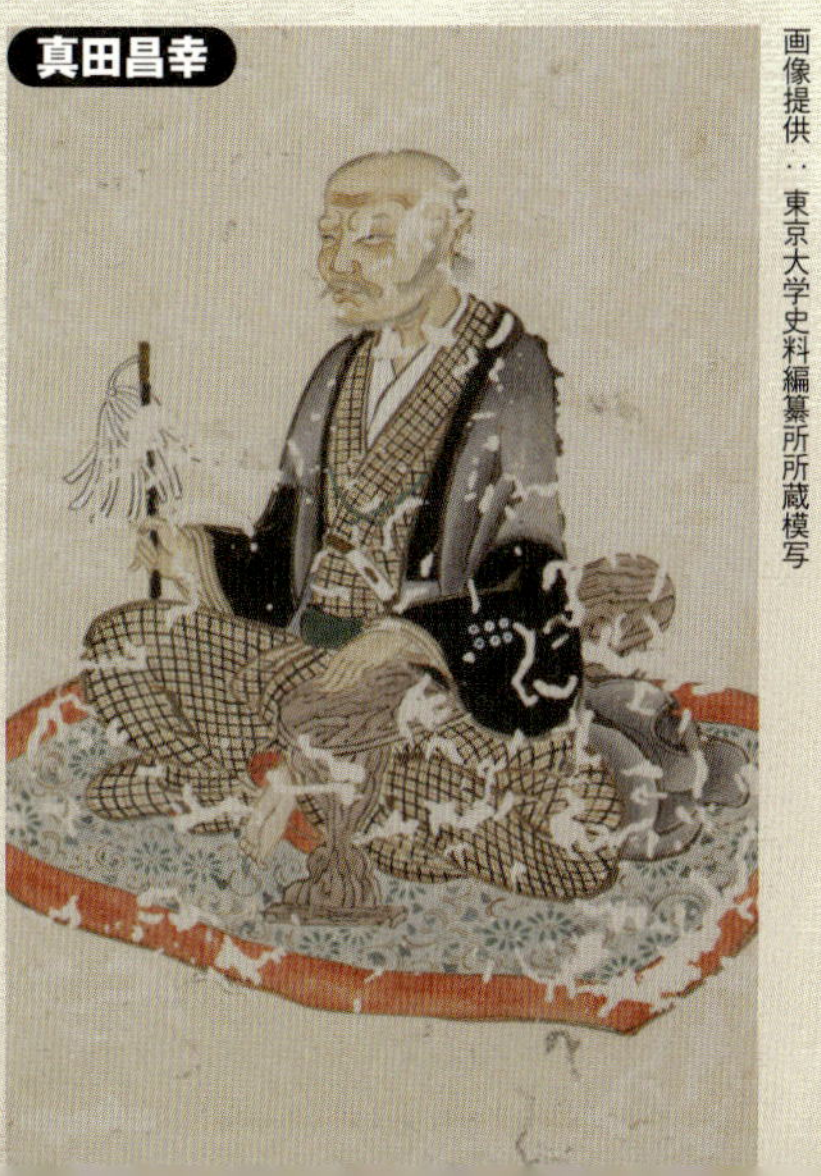

画像提供：東京大学史料編纂所所蔵模写

そして徳川と豊臣が雌雄を決する大坂冬の陣では出丸・真田丸を築いて徳川軍を撃退。大坂夏の陣では、徳川家康の本陣に突撃し、家康をあわやというところまで追いつめるも叶わず、疲弊して休んでいるところを敵に発見され討ち取られてしまった。この時、信繁の養育係を務めていた高梨内記も、信繁とともに戦死したといわれている。

高梨内記は、信繁との結びつきが強く、息子は信繁の乳兄弟、娘は信繁の側室となっている。関ヶ原の戦いでは昌幸と信繁のいる西軍につき、真田親子が九度山に配流されたときも、信繁の大坂城入城につき従い、命が尽きるまで信繁に尽くした。

この他、大坂の陣には、昌幸の従兄弟・矢沢頼康とともに信之の長男・信吉、次男・信政も参戦している。

第10位

忠義を貫いた石田家臣団

敵の多かった石田三成だが、命を投げ打ち忠義を尽くす家臣には恵まれた

豊臣秀吉にまっすぐすぎる忠誠を誓ったあまり、周囲に敵を増やしてしまった石田三成だが、石田家臣団は決死の思いで不器用な主君を支え、関ヶ原に陣を構えた。

石田軍団編成図

※関ヶ原の戦い時

石田三成 ＝ 姻族大名：宇多頼忠《よりただ》・熊谷直盛《なおもり》・福原長堯《ながたか》・石川貞清《さだきよ》

- **一門衆**：石田重家《しげいえ》・石田宗信《むねのぶ》・石田朝成《ともなり》・石田主水正《もんどのしょう》
- **外戚衆**：土田成久・土田友成
- **近習衆**：小幡信世《のぶよ》・磯野行尚《ゆきなお》（平三郎）・塩野清助《せいすけ》・千田采女《せんだうねめ》・渡辺甚平《じんぺい》
- **島左近一族**：島左近・島信勝《のぶかつ》・島友勝《ともかつ》・島勘左衛門《かんざえもん》
- **若江八人衆**（元豊臣秀次家臣）：舞兵庫・大山伯耆《ほうき》・大場土佐・高野越中・牧野成里・森九兵衛
- **元浅井家家臣**：青木市左衛門《いちざえもん》・阿閉孫九郎《あつじまごくろう》・雨森勘左衛門《かんざえもん》・今井定清・大音新介《おおとしんすけ》・海北市郎右衛門《かいきたいちろうえもん》・河瀬織部《おりべ》・河瀬左馬助《さまのすけ》・多賀喜四郎《きしろう》・田辺宗兵衛《そうべえ》
- **元蒲生家家臣**（蒲生十八将）：蒲生郷舎《さといえ》（横山喜内《きない》）・蒲生将監《しょうげん》・蒲生大膳《だいぜん》・北川平佐衛門《へいざえもん》
- **美濃衆**：樫原彦右衛門《ひこえもん》・林半介《はんすけ》
- **その他直臣**：渡辺勘兵衛《かんべえ》・東新太夫《あずましんだゆう》・荻野鹿之助《しかのすけ》・杉江勘兵衛《かんべえ》
- **元徳川家家臣**：津田清幽《せいゆう》・服部新左衛門《しんざえもん》

知行を投げ打つのがお家芸　家臣には好かれていた三成

文治派の石田三成は、ことさら戦上手の家臣を集めていた。そのため、一般には戦下手とされた石田家臣団だが、関ヶ原の戦いでは、ろくに戦わなかった西軍諸将のなかで、小西隊、宇喜多隊とともに奮戦している。

そのなかでも一、二を争う活躍を見せたのが、三成が知行半分の2万石を差し出して召し抱えたとされる「鬼左近」こと島左近（清興《きよおき》）だ。関ヶ原の戦いでの鬼気迫る指揮ぶり、奮闘ぶりに、直接対決した東軍の兵たちは、「かかれーっ」と叫ぶ号令が思い出され、後々まで夢の中でうなされたという。

また、舞兵庫（前野忠康《ただやす》）も三成が召し抱えた戦上手な家臣のひとり。関ヶ原の戦いでは、東軍との激戦の末、嫡子・三七郎とともに討死してしまう。

さらにもうひとりの渡辺勘兵衛《かんべえ》（新《しん》之丞《のじょう》）は、柴田勝家や秀吉の高禄での

本郷チェック

軍事力評価が低過ぎです！

朝鮮出兵でへとへとになるまで戦っていた連中の思いを三成がリサーチしていれば、関ヶ原であああいう負け方はなかったでしょう。だから情報力が低いのは納得です。ただ僕は軍事力はもっと高く評価してあげたいですね。関ヶ原で小西、宇喜多、石田隊だけが極めて頑張っていて、石田の家臣団の結束力、忠誠力が東軍と五分の状況を作り出したんですよ。

三成プロフィール

永禄3（1560）年生まれ。秀吉の小姓となり立身出世し、豊臣政権内では五奉行を務め、主に内政面で活躍する。秀吉亡き後、五大老筆頭の徳川家康や武断派と対立し、関ヶ原の戦いを起こすも敗北。京都六条河原で処刑される。慶長5（1600）年10月1日没。享年41。

石田家臣団の評価

合計 68.9

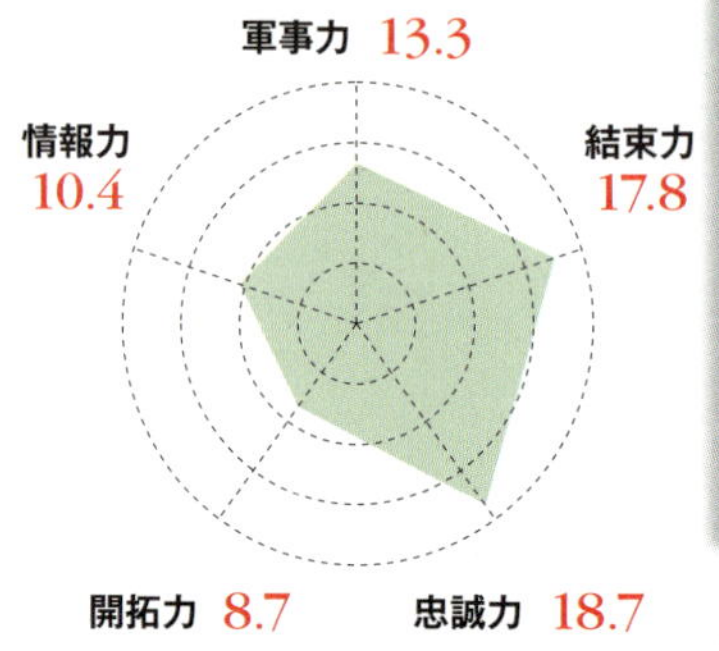

軍事力 13.3
結束力 17.8
忠誠力 18.7
開拓力 8.7
情報力 10.4

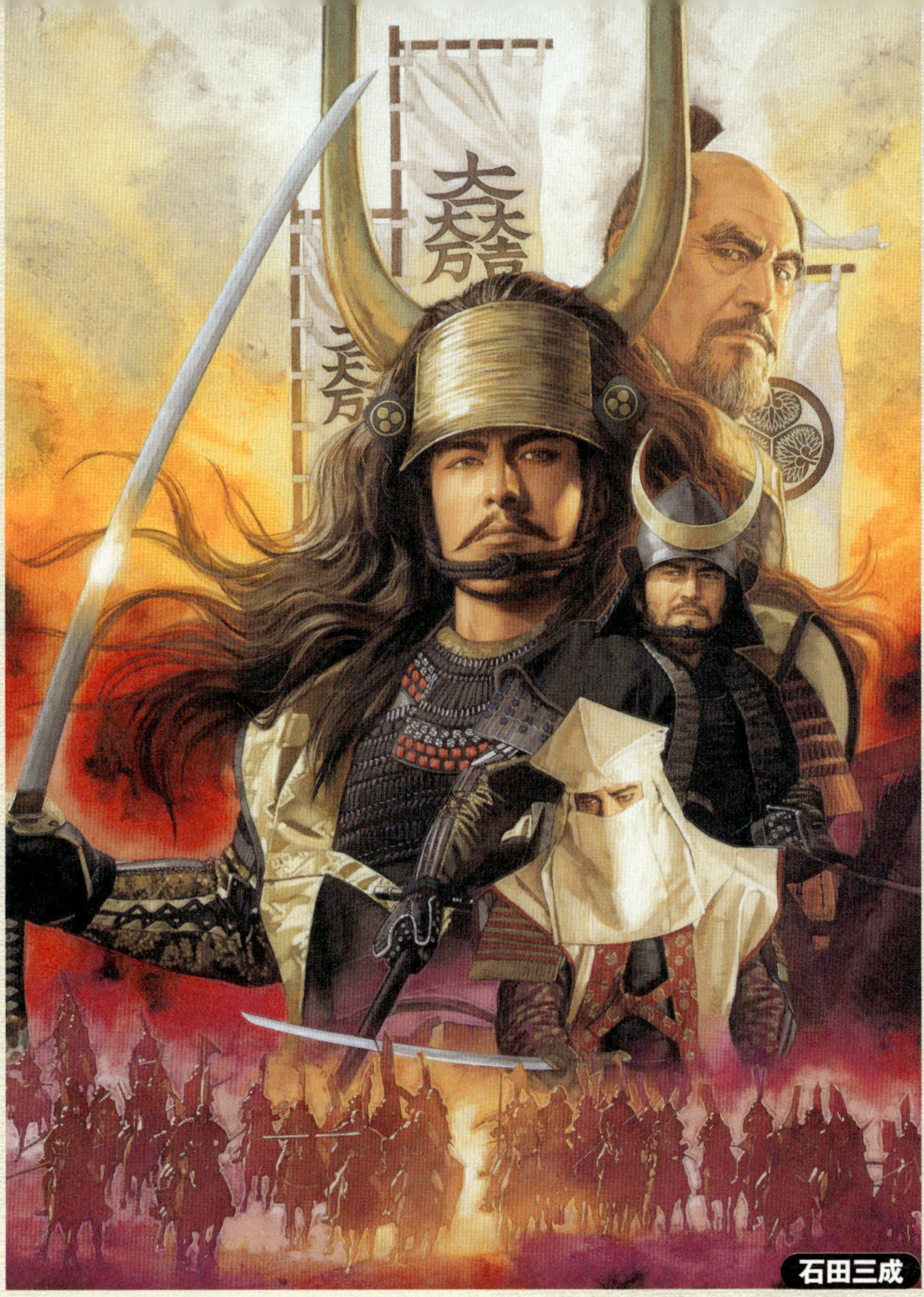
石田三成

石田家臣の逸話

関ヶ原の戦いで生き残った郷舎

蒲生郷舎《さといえ》は、もともとは蒲生氏郷に仕えていた。秀吉の九州征伐で武功を挙げ、「蒲生」姓と「郷舎」の名を賜っている。だが氏郷の跡を継いだ蒲生秀行とはそりが合わずに蒲生家を出奔して、石田三成の家臣となった。関ヶ原の戦いでは運良く生き延び後に再び蒲生家に戻ったが、家臣や主君と対立し、そのたびに放逐や出戻りを繰り返している。関ヶ原の戦いで討死した説もあるが、それは別人だ。

関ヶ原古戦場、島左近陣跡

蒲生郷舎は島左近の陣近くに布陣していた。

仕官要請を断って、当時まだ小姓であった三成の家臣となった武将だ。不思議に思った秀吉が、どうやって新之丞を家臣にしたのかを三成に問うと、三成は「頂いている500石の知行すべてを彼に与えて、さらに自分が10 0万石取りになったら10万石に加増すると約束しました。私は知行がなくなってしまったので、新之丞の家で居候をします」と答え、秀吉を大笑いさせたという。この勘兵衛も関ヶ原の戦いで奮戦の末に負傷後、自害している。

東軍に包囲された佐和山城では三成の父兄らが自害

関ヶ原の戦いで、小早川秀秋《ひであき》らの裏切りに遭って西軍があっけなく敗れると、石田三成の居城・佐和山城にも約1万5000の東軍が押し寄せてきた。当時、城を守っていたのは、三成の父親や実兄、それに三成の正妻・皎月院《こうげついん》の父兄ら、およそ3000足らずの石田家臣たちだ。

三成の父・正継《まさつぐ》も、文武に優れた才人だった。秀吉に仕官した三成が堺奉行になった時に三成の代官を務め、三成が佐和山城主になると、城を留守にすることの多かった三成に代わり、城代として城を守った。

正継の嫡子にして、三成の実兄でもある正澄《まさずみ》は、三成とともに秀吉に仕官し、検地や物資の輸送面で豊臣政権を支えていた。関ヶ原の戦いでは、近江の愛知《えち》川に関を造り畿内西国の大名たちが東軍に与するのを妨害。さらに佐和山城が攻められると大手門を守備し奮闘するが、間者によって城内が崩されると、多くの家臣たちを城から逃がした後に天守に火を放ち、父・正継や嫡男・朝成らとともに自害して果てたという。そして石田家臣団はついに壊滅してしまう。

三成が召抱えた猛将 島左近

天文9（1540）年5月5日生まれ。筒井家の重臣で後に三成に仕えた。「三成に過ぎたるものが二つあり。島の左近と佐和山の城」と謳われた。関ヶ原で奮戦するも討死。慶長5（1600）年9月15日没。享年61。

明智光秀

第11位

本能寺で信長を討つも山崎で秀吉に討たれ、「三日天下」となった光秀軍

逆賊となった明智家臣団

織田信長の重臣として取り立てられていた明智光秀が、なぜ本能寺の変を起こしたのか。これは日本史上の大きな謎だ。結局、光秀の得た「天下」は、わずか十数日間だけだった。

織田信長を弑逆し天下をめざした明智家臣団の結束力

本能寺《ほんのうじ》の変で主君・織田信長を討ち取ったことで現在でも反逆者の汚名が着せられている明智光秀。このとき、天下を簒奪《さんだつ》できていれば、日本一の下《げ》克上《こくじょう》を成し得た英雄として称えられていただろう。

天正10（1582）年6月1日、光秀は約1万3000の手勢を率いて丹波亀山城を出陣。一旦亀山の東で隊列を整えさせている間に、明智秀満《ひでみつ》（左馬助）、明智光忠《みつただ》、斎藤利三《としみつ》、藤田行政《ゆきまさ》、溝尾茂朝《みぞおしげとも》を集め、このとき初めて謀反を行なうことを伝えたという。

ここで凄いのは、このとき謀反を打ち明けられた5人の家臣が誰も明智光秀を裏切らなかったことだ。それだけ主君の明智光秀は家臣団の信頼を得ていたのだろう。

やがて本能寺の変を決行後、備中高松城から取って返してきた羽柴秀吉と

本郷チェック 主人の謀反にも付き従う家臣団

明智光秀が主要な幹部に「信長を討つぞ」と打ち明けたときに脱落者が出てないんです。これだけでも光秀が家臣たちに慕われていたことがわかりますよね。同じ年に滅んだ武田は、裏切りに次ぐ裏切りで滅亡しちゃった。だけど明智家臣団は天王山でもちゃんと戦っているわけです。なので忠誠力や結束力は、もう少し点数上げても良かったのかな。

光秀プロフィール

享禄元(1528)年生まれ。名門土岐氏の庶流で、織田信長の重臣として活躍するが、本能寺の変を起こして信長を自害させる。その直後、羽柴秀吉との山崎の戦いに敗北し、落ち武者狩りに遭って命を落とした。天正10(1582)年6月13日没。享年55。

明智家臣団の評価

合計 65.9

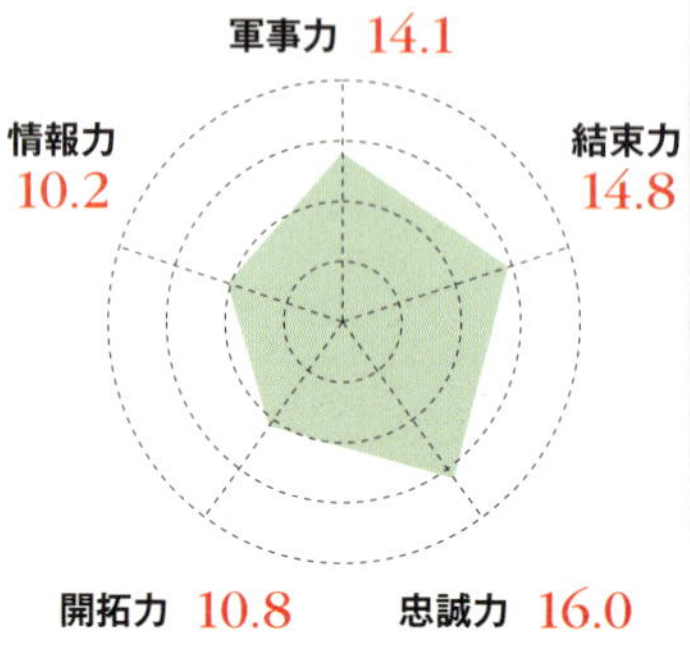

軍事力 14.1
結束力 14.8
忠誠力 16.0
開拓力 10.8
情報力 10.2

春日局の父親
斉藤利三

天文3（1534）年生まれ。斎藤義龍、稲葉一鉄、織田信長に仕えた後、明智光秀の家臣に。山崎の戦いで明智軍の先鋒を務めた。天正10（1582）年6月17日没。享年49。

湖水を単騎で駆ける！
明智秀満

天文5（1536）年生まれ。明智光秀の娘婿。本能寺の変では明智軍の先鋒を務めた。山崎の戦いで坂本城に逃れた後に自害。天正10（1582）年6月15日没。享年47。

山崎の戦い
本能寺の変で織田信長を斃した明智光秀と、中国大返しで引き返してきた羽柴秀吉の戦い。秀吉が勝ったことにより、光秀のわずか十数日間の天下は「三日天下」と呼ばれた。

京・山崎で激突するのだが、戦に敗れた後、光秀に付き従い命を落としている。光秀は坂本城へ落ち延びる途中、落ち武者狩りで致命傷を負い、溝尾茂朝の介錯で落命。介錯をした茂朝も、坂本城まで落ち延びたが自害した。藤田行政は、淀まで逃げ落ちたが山崎の戦いの翌日に自刃。明智光忠は本能寺の変で重傷を負い寺で療養中だったが、光秀の死を聞かされると自害した。斎藤利三も山崎の戦い後に捕縛され、京都六条河原で処刑されてしまう。

そして琵琶湖方面で戦っていた明智秀満は、琵琶湖の湖面を渡って坂本城へ退却。その後、城に保存されていた多くの文化財を攻城軍の堀秀政に受け渡した後に、城に火を放って自害したという。

この他にも、丹波攻めなどで利三と並ぶ戦功者とされる伊勢貞興《さだおき》も、山崎の戦いで敗走する明智軍の殿を引き受けて戦死している。これだけの逸話でも光秀の人望の程がよくわかる。

明智軍団編成図

※本能寺の変時

明智光秀
- 連枝衆：明智光慶《みつよし》・明智秀満・明智光忠
- 御田緒衆：妻木広忠《つまきひろただ》・妻木範武《のりたけ》
- 美濃明智党：溝尾茂朝・溝尾秀朝《ひでとも》
- 譜代家老衆：藤田行政・池田輝家《てるいえ》・比田則家《ひだのりいえ》
- 直参内衆（明智三羽烏）：箕浦新左衛門《みのうらしんざえもん》・安田国継《くにつぐ》・古川九兵衛《きゅうべえ》
- 美濃衆：斎藤利三・多治見国清《くにきよ》
- 元幕臣衆：伊勢貞興《さだおき》・蜷川貞栄《さだしげ》
- その他：西近江衆・北山城衆・丹波衆ほか

明智家臣の逸話

主君の介錯を務めた溝尾茂朝

明智光秀が朝倉家臣時代から仕えた重臣。山崎の戦いでの敗北後、溝尾茂朝は、主君・光秀と共に光秀の居城・坂本城へ向かった。だが途中、山科の小栗栖《おぐるす》で落ち武者狩りに襲われ、光秀が致命傷を負ってしまう。もはや助からないと悟った光秀は、茂朝に切腹の介錯を頼んだ。茂朝は落とした首を竹藪に隠すと、その場で自害したとも、坂本城へ逃げ込んで自害したとも伝わっている。

第12位

官兵衛の鍛え上げた「黒田二十四騎」が、数々の戦で長政を支える！

官兵衛が育てた黒田家臣団

官兵衛の嫡子・黒田長政は、関ヶ原の戦いで小早川秀秋を東軍に寝返らせ、石田三成軍を壊滅させる活躍を見せるが、その陰には官兵衛の鍛えた「黒田二十四騎」の存在があった。

黒田軍団編成図

※関ヶ原の戦い時

黒田官兵衛 ― 黒田長政

- 一門衆：松井重孝
- 播磨衆：生田《いくた》重勝《しげかつ》・浦野勝宗・貝原信盛《のぶもり》・吉田重生・宮崎安尚《やすなお》
- 豊前衆：中間統胤《むねたね》・時枝鎮継《ときえだしげつぐ》・広津鎮種《しげたね》・宮成吉右衛門《きちえもん》
- 水軍衆：高原次郎兵衛《じろうべえ》・加藤源三郎《げんざぶろう》・石川勝吉《かつよし》・三宅藤十郎《とうじゅうろう》

黒田二十四騎：黒田利高《としたか》（死亡）、黒田利則、黒田直之、益田正親《まさちか》、竹森次貞《つぐさだ》、三宅家義《いえよし》、桐山信行《のぶゆき》、原種良《たねよし》、堀定則《さだのり》、小河伸章《おごうのぶあき》、菅正利《まさとし》、栗山利安《としやす》、吉田長利《ながとし》、野口一成《かずしげ》、林直利《なおとし》、毛屋武久《けやたけひさ》、井口吉次《よしつぐ》、衣笠景延《かげのぶ》、母里友信

- 井上之房《ゆきふさ》 ― 井上家家臣団（石垣原の五本槍）：大野勘右衛門《かんえもん》・大野久弥《ひさや》・大村六太夫《ろくだゆう》・岸本五郎兵衛《ごろべえ》
- 黒田一成《かずしげ》 ― 黒田一成家臣団：粕屋茂平衛《かすやもへえ》・近藤加衛門《かえもん》・関勘六《かんろく》・江見彦右衛《ひこえ》
- 後藤基次《もとつぐ》（後藤又兵衛） ― 後藤基次家臣団：小栗次右衛門《つぐえもん》・二宮右馬助《うまのすけ》
- 久野重勝《しげかつ》 ― 久野家家臣団（久野家六神）：麻田甚内《じんない》・久保庄助《しょうすけ》・下田作右衛門《さくえもん》・卑田九蔵《ひえだきゅうぞう》・光留立右衛門《みつとめたつえもん》・山本勝蔵《かつぞう》
- 野村祐勝《すけかつ》 ― 野村祐勝家臣団：篠倉喜兵衛《しのくらきちべえ》・林四郎兵衛《しろうべえ》・爪田清右衛門《うりたきよえもん》

父・官兵衛から受け継いだ最強の黒田軍団

豊臣秀吉の軍師だった黒田官兵衛の下には、多くの勇猛果敢な武将たちがいた。その中でも特に活躍した25人（官兵衛の嫡男・黒田長政を含む）を、秀吉の「賤ヶ岳七本槍」になぞらえ「黒田二十五騎」と呼んだ。さらにその中でも特に重用した井上之房《ゆきふさ》、栗山利安《としやす》、黒田一成《かずしげ》、黒田利高《としたか》、黒田利則《としのり》、黒田直之《なおゆき》、後藤又兵衛（基次《もとつぐ》）、母里友信《もりとものぶ》（太兵衛）の八人を、「黒田八虎《はっこ》」と呼ぶ。なお、嫡男の長政が黒田家の家督を受け継いだ後は、「黒田二十四騎」となっている。

この「黒田二十四騎」「黒田八虎」の中でも一番名が知られているのが後藤又兵衛だろう。

後藤又兵衛は、もともと姫路の北東で栄えた地侍の一族だったが、官兵衛の主君筋にあたる小寺氏の下で官兵衛と出会ったとされている。その後、荒木村重により官兵衛が有岡城に幽閉されると、黒田家を離れ、仙石家に身を寄せた。そして、その後再び黒田家に仕え、関ヶ原の戦いでは、黒田長政の先鋒として石田三成の家臣で槍の名手の大橋掃部《かもん》を討ち取るなどの功績を挙げている。

だが官兵衛が亡くなると、嫡子・長政との仲が悪化し、又兵衛は再び黒田家を出奔。豊臣秀頼に味方して大坂城

長政プロフィール

永禄11（1568）年12月3日生まれ。黒田官兵衛の嫡男。秀吉の死後、石田三成と対立、関ヶ原の戦いでは東軍に与し、吉川広家や小早川秀秋の調略に成功。この活躍が高く評価され、筑前福岡藩の初代藩主となった。元和9（1623）年8月4日没。享年56。

黒田家臣団の評価

合計 57.2

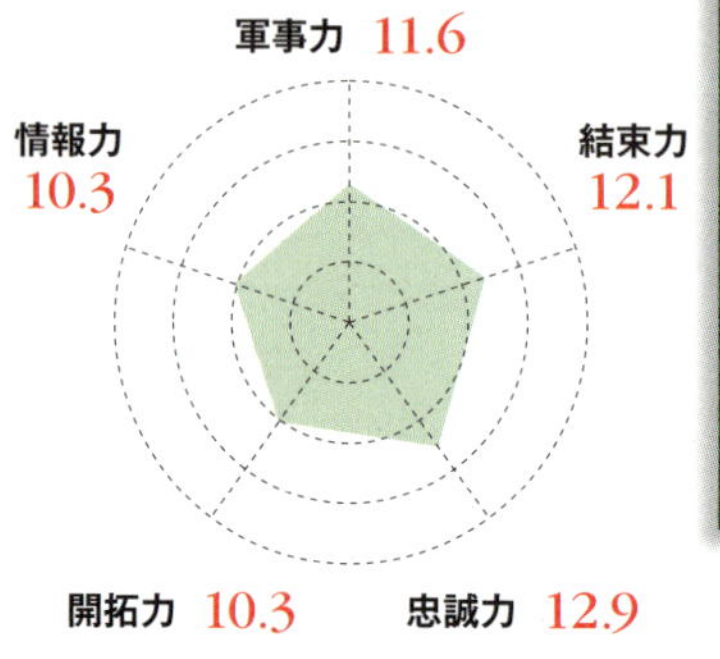
軍事力 11.6
結束力 12.1
忠誠力 12.9
開拓力 10.3
情報力 10.3

に入り、14ページでも紹介したように大坂夏の陣で奮闘、明石全登《てるずみ》や真田信繁の援軍が間に合わず、最後は伊達の鉄砲隊に猛攻撃を受けて討死した。

黒田長政
父親譲りの知略と類稀なる武勇の持ち主。関ヶ原の戦いで活躍し、外様ながら最高の加増を受ける。

黒田家臣の逸話

黒田節で知られる母里友信

通称の太兵衛として有名な母里友信は槍術に秀でた勇将だが、大酒飲みとしても知られていた。主君・黒田長政の使者として福島正則の元へ訪れた際「大盃に注がれた酒を飲み干したら褒美を取らす」と勧められ、見事飲み干した。そして正則が秀吉から拝領した天下三名槍の一振「日本号」を譲り受けたという。この話が基で「酒は呑め呑め　呑むならば～」の黒田節が誕生しているのだ。

本郷チェック

黒田家の躍進は官兵衛のお陰?

黒田家臣団は忠誠力が弱いですね。これは結局後藤又兵衛かな？　主人に対して反逆した黒田騒動も起きてるから忠誠力や結束力が低いんでしょうね。軍事力も、黒田は52万石なのだから、もう少し高い評価でも良さそうなのに、この採点をした人は「黒田の躍進は官兵衛だ」って思い、長政や家臣はそれほどでもと思っているんでしょうか。でも、どうなんですかね。

第13位

四国を制覇した長宗我部家臣団

農民が戦う「一領具足」制度で兵力を増強し、一族を送り込んで名家を乗っ取りながらの土佐国統一

わずか22歳で父・長宗我部国親の跡を継いだ元親は、一族や兄弟たちと協力して土佐国を統一し、四国制圧に乗り出した。その勢いと誰にも媚びない反骨精神は、時の権力者・織田信長や豊臣秀吉に危惧感を抱かせるほどだったという。

長宗我部軍団編成図

※四国平定直後

長宗我部元親

- **一門衆**：長宗我部信親《のぶちか》・長宗我部盛親《もりちか》・長宗我部右近大夫《うこんだいふ》・長宗我部康豊《やすとよ》・吉良親実《きらちかざね》・吉良親正《ちかまさ》・香宗我部親泰《こうそかべちかやす》・香宗我部親氏《ちかうじ》・戸波親武《へわちかたけ》・戸波親清《ちかきよ》・香川親和《ちかかず》・津野親忠《ちかただ》・比江山親興《ひえやまちかおき》
- **準一門**：細川定輔《さだすけ》・池頼定《よりさだ》・池親和《ちかかず》・広井俊政《としまさ》・中島重房《しげふさ》・山川親徳《ちかのり》・久礼田道祐《くらたみちすけ》
- **岡豊三奉行家**：久武親直《ひさたけちかなお》・桑名吉成《よしなり》・谷忠澄《ただずみ》・中内三安《さんざい》・福留儀重《よししげ》・宿毛甚左衛門《すくもじんざえもん》
- **譜代家老衆**：吉田貞重《さだしげ》・吉田重康《しげやす》・江村親俊《ちかとし》・国吉親綱《ちかつな》・中内源兵衛 尉《げんべえのじょう》
- **奉行衆**：蜷川親長《ちかなが》・岩崎安行《やすゆき》・下司忠重《げしただしげ》・立石正賀《まさよし》・久万二郎兵衛《くまじろうべえ》・山内三郎右衛門《さぶろうえもん》
- **若年寄衆**：桑名親光《ちかみつ》・吉田康政《やすまさ》・南岡親清《ちかきよ》・野中親孝《ちかたか》
- **土佐外様衆**：宮地吉久《よしひさ》・専当安家《せんとうやすいえ》・弘田伸泰《のぶやす》
- **土佐国人衆**：近沢祐清・本山親茂《ちかしげ》・中村兵庫《ひょうご》・別役義重《べつやく》
- **讃岐国人衆**：香川信景《のぶかげ》・香西佳清《こうざいよしきよ》・羽床資範《はゆかすけとし》・長尾大隅守《おおすみのかみ》
- **伊予国人衆**：石川勝重《かつしげ》・北之川親安《ちかやす》
- **一領具足**：岡村元重《もとしげ》・小谷与十郎《こたによじゅうろう》・高石左馬助《さまのすけ》・竹内惣右衛門《そうえもん》

有能な一族・兄弟たちに支えられ、土佐国を統一

長宗我部元親が家督を継いだ頃の土佐国は、一条家、津野家、吉良《きら》家、安芸《あき》家、香宗我部《こうそかべ》家などが勢力争いを繰り返す、まさに戦国時代だった。元親は長宗我部軍の兵力増強を図るため「一領具足」という半士半農制度を導入。軍備を強化させると、土佐国統一に乗り出した。

外交面でも明智光秀の家臣・斎藤利三の妹を正室に迎え、中央とのパイプを作った。さらに、弟・親貞《ちかさだ》（次男）を養子として土佐吉良家に送り込んで家督を継がせる。また、安芸国虎《くにとら》を滅亡させると、香宗我部家に養子としてすでに送り込んでいた弟・香宗我部親泰（三男）を安芸城主に据えた。

また、津野勝興《かつおき》が臣従してくると、津野家に自身の三男・親忠《ちかただ》を送り込み、津野家も乗っ取っている。

こうして支配領域を広げていった元親は、大友宗麟の援助を受けた国司・一条兼定《かねさだ》を四万十《しまんと》川の戦いで打ち破り、土佐国統一を成し遂げた。長宗我部元親36歳。一族総がかりでの統一だった。

元親プロフィール

天文8（1539）年生まれ。幼少時の色白で大人しい気質から「姫若子」と呼ばれるが、初陣での鬼気迫る活躍ぶりから「鬼若子」と恐れられた。若くして家督を継いで四国を統一するも、豊臣秀吉の侵攻を受けて臣従する。慶長4（1599）年5月19日没。享年61。

長宗我部家臣団の評価

合計 57.1

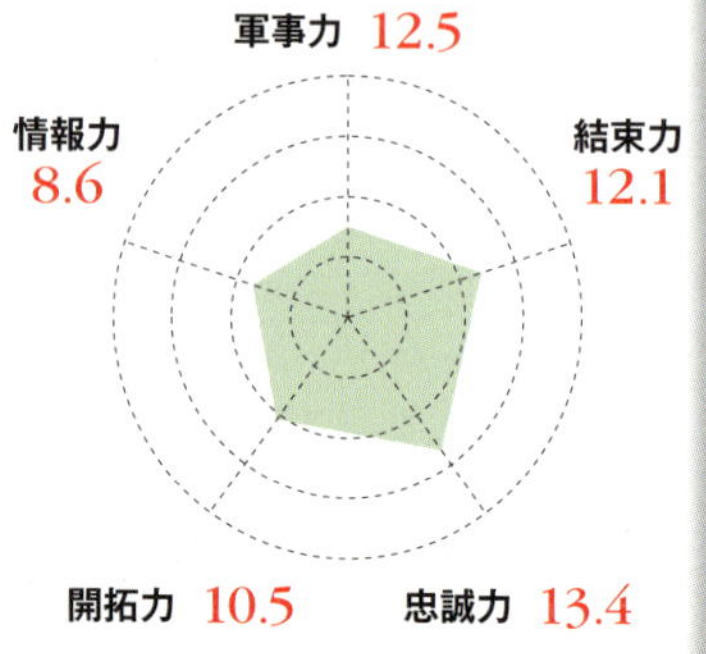
軍事力 12.5
結束力 12.1
忠誠力 13.4
開拓力 10.5
情報力 8.6

長宗我部元親

四国では圧倒的な強さを発揮した元親だったが、天下統一をめざす秀吉の敵ではなかった。

中央に逆らう反骨の軍団

最愛の嫡男・信親を失うと一族の結束も失われ長宗我部家臣団にも亀裂が走る

中富川の戦い

四国統一をめざす長宗我部軍と十河存保率いる三好軍の戦い。十河の拠点・勝瑞城は落城し長宗我部軍が勝利した。

一族で四国を統一するが豊臣の大軍に阻まれ……

土佐国統一を成し遂げた長宗我部家の、次の目標は四国統一だった。元親は、自分の正室が斎藤利三の妹であることを利用して、織田信長と同盟を結び後ろ盾を得ると、次男・親《ちか》和《かず》を讃岐の香川家に送り込み讃岐国を手に入れる。さらに阿波国でも、信長に敗れ凋《ちょう》落《らく》し始めていた三好氏を破り、毛利氏の援助を受け元親に抵抗する伊予国以外はほぼ平定した。

だが、長宗我部家の勢力拡大に、同盟を結んだ信長は不信感を抱き、元親に織田家への臣従を迫る。元親がこれを拒否すると、織田家と長宗我部家の仲は一気に険悪となった。信長は、元親に敗れた三好康《やす》長《なが》や十河《そ ごう》存《まさ》保《やす》を支援して圧力を加えるが、その直後に本能寺の変で討たれてしまう。すると、元親はこの混乱に乗じて阿波国へ再侵攻。中富川の戦いで十河存保の居城・勝《しょう》瑞《ずい》城も攻略して阿波国を再び平定した。

だが敗れた存保が羽柴秀吉の下へ逃げ込んだため、事態は悪化する。長宗我部軍の前に、四国平定を目論む秀吉の大軍がやってきたのだ。秀吉の弟・羽柴秀長に率いられた約10万の四国平定軍を前に、必死の抗戦を繰り広げるが、ついに敵わず降伏を決意。秀吉に臣従することになり、長宗我部家の領土は土佐一国のみとなってしまう。

秀吉の家臣となった元親は、九州平定へ嫡男・信《のぶ》親《ちか》とともに従軍したが、戸《へ》次《つぎ》川の戦いで、軍監役の仙《せん》石《ごく》秀《ひで》久《ひさ》が

長宗我部家臣の逸話

中富川の戦いで奮戦した弟・香宗我部親泰

親泰は、元親の実弟（父・国親の三男）だ。長宗我部家の遠縁にあたる香宗我部家の養子となり、安芸城主や海部城代などを務めている。若い頃は、四国統一をめざす元親を補佐しながら各地を転戦することも多く、中富川の戦いでは宿敵・十河存保を打ち破る功績を挙げた。また外交術にも非常に長けており、織田信長をはじめとする多くの有力武将たちと誼《よしみ》を結ぶ活躍をした。

中富川古戦場跡

香宗我部親泰が活躍した中富川古戦場跡。

長宗我部元親
長宗我部信親
元親の長男。将来を嘱望されていたが、秀吉の九州平定に従軍中戦死する。その死に様は敵である島津からも讃えられた。
長宗我部盛親
元親に溺愛された四男。家督継承後、文禄の役に父とともに出兵。関ヶ原の戦いで西軍につき改易となった。

無謀な戦を仕掛けて大敗。信親も島津軍に討ち取られ、元親は悲嘆に暮れた。

この後、長宗我部家では、元親の嫡子の座をめぐって家督相続争いが起きるが、結局、元親が推す盛親《もりちか》が元親の跡を継ぐことになった。しかし、次男・香川親和も三男・津野親忠《ちかただ》も存命だったため、四男の盛親が家督を継ぐことに納得しない家臣も多い。元親は親族の比江山親興《ひえやまちかおき》、吉良親実《きらちかざね》らを粛清して盛親への家督相続を強行。気落ちした親和が病死すると、元親は親忠も寺に幽閉してしまった。

元親が家督を継いだ後、一族の結束力に支えられていた家臣団にも亀裂が入る。やがて関ヶ原の戦い、大坂の陣にも敗れ、盛親は斬首され長宗我部家の正統は断絶してしまった。

本郷チェック

判断力の悪さから家を潰した

情報力は抜きん出てダメ。関ヶ原の戦いや大坂の陣で、自分たちの進退を見誤ったおかげで家を潰してしまっているので、情報力が低いのも仕方がないのかな。長宗我部家は一領具足といわれる半士半農が支えていた、土地と切り離すことができない家臣団なんです。自分の土地が一番大事なので外に行こうとしない。だから開拓力も弱いということですね。

第14位

三家が支えた大友家臣団

なぜ大友宗麟の下に、これほど優秀な家臣たちが集うのか

大友宗麟の下には、立花道雪や立花宗茂、高橋紹運、吉弘統幸らに代表される有能な家臣が数多くいた。大友家が九州の雄・島津家と渡り合えたのも、家臣団の支えがあったからだ。

大友軍団編成図

大友宗麟

一門衆・加判衆
田北鎮周《たきたしげかね》・田北紹鉄《たきたしょうてつ》・斉藤鎮実《しげざね》・臼杵紹冊《うすきしょうさく》・戸次鎮連《べっきしげつら》
木付鎮秀《しげひで》・田原親貫《たばるちかつら》・一萬田鑑実《いちまたあきざね》・志賀親度《ちかのり》・奈多鎮基《なだしげもと》

三宿老
立花道雪（筑前五城将）・吉弘鎮信《よしひろしげのぶ》・臼杵鑑速《あきすみ》

筑前五城将
高橋紹運・大鶴浄慶《おおつるじょうけい》・小田部紹叱《こたべじょうしつ》・木付鑑実《あきざね》

豊後国人衆
瓜生《うりう》貞延・朽網鑑康《くたみあきやす》・柴田礼能《れいのう》・利光宗魚《としみつそうぎょ》・入田義実《にゅうたよしざね》

豊前国人衆
安心院公正《あじむきみまさ》・城井鎮房《きいしげふさ》・赤尾統秀《むねひで》・佐田隆居《たかおき》・飯田長秀《はんだながひで》

筑前国人衆
秋月種実《たねざね》・薦野増時《こものますとき》・原田隆種《たかたね》・横岳鎮貞《よこだけしげさだ》・宗像氏貞《むなかたうじさだ》

筑後国人衆
稲員《いなかず》安忠・蒲池鑑盛《かまちあきもり》・黒木家永《いえなが》・田尻鑑乗《あきのり》・丹波良寛《りょうかん》

肥前国人衆
後藤貴明《たかあき》・有馬晴信《はるのぶ》・大村純忠《すみただ》・松浦鎮信《まつらしげのぶ》

水軍衆
若林鎮興《しげおき》・佐伯惟教《これのり》・佐伯惟真《これざね》

※耳川の戦い直前

九州の名門大友家の雄飛は優秀な家臣団あってこそ

禅宗の僧侶でもありながら、領内のキリスト教を保護したためにキリシタン大名となった大友宗麟《そうりん》（義鎮《よししげ》）。海外貿易による経済力と巧みな外交で領土を拡大させた大名だが、この宗麟を支えた家臣団が非常に優秀だった。

大友家臣団は、立花家、高橋家、吉弘《よしひろ》家の三家が支えたといっても過言ではなく、その筆頭に挙げられるのは立花道雪《どうせつ》だ。

道雪は初陣で馬ヶ岳《うまがたけ》城を落として大内義隆《よしたか》を狼狽させたほどの戦上手で、そのあまりの強さに敵から「鬼道雪」と恐れられた。また落ちてきた稲妻を刀で切り裂いたことから、味方には「雷神の化身」と称えられるが、この時の後遺症で馬に乗れなくなり、以後は輿に乗って指揮を執ったという。

岩屋《いわや》城の戦いで島津軍相手に奮戦し、最後は全滅した高橋紹運《じょううん》も、大友家を

本郷チェック 島津がいなければ評価は高い？

大友家は最盛期、九州の６ヶ国を支配していた強力な家なんです。なのに開拓力が非常に低いですね。ただ大友も島津に攻められて最終的には１ヶ国だけになったわけだし、いい時を見るのか悪い時を見るのかで評価は変わるよね。軍事力も、毛利と戦っても一歩も引かなかった。ただ、耳川の戦いでの敗北が悪い印象を与えているのかもしれないですね。

宗麟 プロフィール

享禄３(1530)年１月３日生まれ。二階崩れの変で家督を継いだ九州の戦国大名。禅宗に帰依した後にキリシタン大名となる。九州６ヶ国を支配したが、島津義久に敗れ豊後国に後退し、晩年は政務を顧みなかった。天正15(1587)年５月６日没。享年58。

大友家臣団の評価

合計 56.8

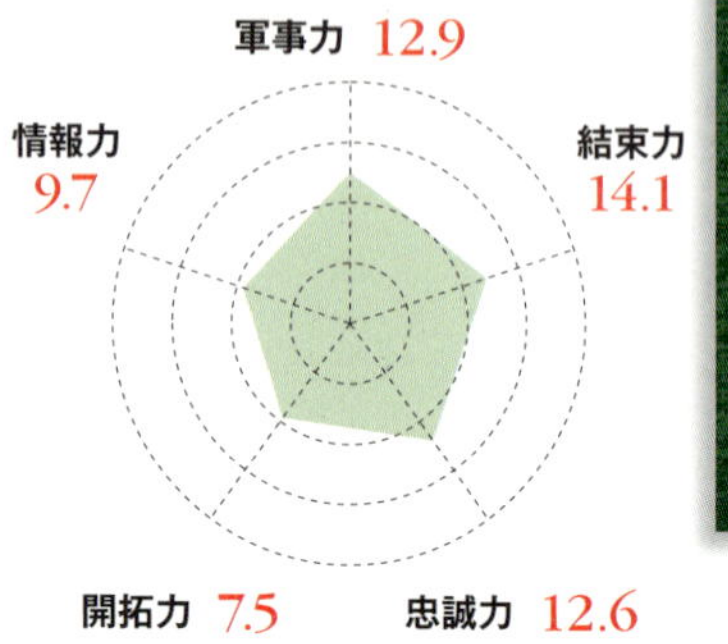
軍事力 12.9
結束力 14.1
忠誠力 12.6
開拓力 7.5
情報力 9.7

岩屋城に散った忠臣
高橋紹運

天文17(1548)年生まれ。立花道雪とともに大友家を軍事面で支えた猛将。岩屋城に籠城し島津の大軍を足止めにした後に自刃。天正14(1586)年7月27日没。享年39。

岩屋城の戦い

九州統一をめざす島津家に対し、大友家臣・高橋紹運が、わずか763の手勢で守備する岩屋城を攻略した戦い。死闘の末に高橋軍は全滅したが、島津軍の被害も大きく、島津家の九州統一の野望は露と消えた。

画像提供：東京大学史料編纂所所蔵模写

大友宗麟

西国の比類なき名将
立花宗茂

永禄10(1567)年8月18日生まれ。高橋紹運の長男。立花道雪の娘婿となり、立花家を支えた知勇を兼ね備えた名将。寛永19(1643)年11月25日没。享年77。

画像提供：東京大学史料編纂所所蔵模写

支えた忠義の将だ。その息子・宗茂は道雪の娘・誾千代《ぎんちよ》に婿入り。ふたりの父から薫陶《くんとう》を受けた宗茂も島津軍を破る功績を挙げている。また、吉弘統幸《むねゆき》も大友家に対して最後まで義理を通し、関ヶ原の戦いの時に九州で起こった黒田如水（官兵衛）との石垣原《いしがきばる》の戦いで孤軍奮闘。一時は黒田軍を追い詰めるも討ち死にしている。

ただこれらの武将が仕えた宗麟は、優秀ではあるが、酒好き女好きの一面も持ちあわせていた。彼らは宗麟にはもったいない家臣だったともいえる。

大友家臣の逸話

主君を裏切れず落命した吉弘統幸

吉弘統幸は、父・吉弘鎮信《しげのぶ》が島津軍との耳川の戦いで戦死したために家督を継ぎ、大友義統《よしむね》（宗麟の嫡子）に仕えたが、大友家が改易された際に出奔し、黒田家や立花家に仕えた。だが関ヶ原の戦いが起こると再び義統の下に戻り、義統の嫡男・義乗《よしのり》が徳川家に与していたため東軍につくよう説得するが聞き入れられず、自らも西軍に加わった。そして石垣原の戦いで東軍の黒田軍に突撃し戦死している。

吉弘神社

主君への義理を捨てきれず戦死した統幸を祀った神社。

忠義の臣・尼子家臣団

毛利元就の前に滅亡した尼子家には、悲運な最期を迎える家臣が多かった

出雲・隠岐・伯耆・因幡・備前・備中・備後・美作の最大8ヶ国を領有した尼子家は、台頭する毛利元就の前に敗北するが、諦めることなく御家再興をめざし立ち上がる。

尼子十勇十介

尼子十勇士

島根県安来市の清水寺の根本堂に飾られている奉納絵馬「尼子十勇十介」。向かって左上に山中鹿介が描かれている。

画像提供：安来市観光協会

尼子三傑のひとり・山中鹿介の興した再興運動の結末は

尼子晴久《はるひさ》が、祖父・尼子経久《つねひさ》の跡を継いで当主となったとき、尼子家は出《いず》雲《も》や隠岐《おき》、伯耆《ほうき》、備中《びっちゅう》、備後《びんご》などに勢力を広げていた強大な戦国大名だった。だが経久が配下にいた毛利家の家督争いに介入したことから毛利家の離反を招き、その後、家督をついだ毛利元就と激しく対立することになる。

元就の勢力拡大に危機感を覚えた晴久は経久が止めるのも聞かず、元就の居城・吉田郡山城を攻めるも失敗。尼子軍は三沢為幸《ためゆき》、湯原宗綱《むねつな》らを失っている。

しかし、尼子家はその後も勢力を拡大し、天文21（1552）年には山陰・山陽8ヶ国の守護に任命されるなど栄華を誇った。だが、そんな尼子家に暗雲がたれ込める。

尼子経久の次男・国久は、出雲の豪族・吉田家の養子になり、勇猛で知られる新宮党の党首も務めた。国久率いる新宮党は備後や伯耆侵攻の主力となり数々の戦いで活躍し、尼子氏の勢力拡大に貢献したが、晴久との関係が悪化して粛正されてしまった。また経久の代から尼子氏に仕えていた宇山久兼も、尼子家臣の讒言《ざんげん》に遭って殺害されている。

これらの謀略は、毛利元就の謀略とも噂されるが、残念ながらその証拠はない。

やがて尼子家は居城・月山富田城を元就に包囲されると、急死した父・晴久に代わり当主となっていた義久が開城し、尼子氏は滅亡してしまう。

だが、ここにひとり諦めの悪い漢《おとこ》が

尼子家臣団の評価

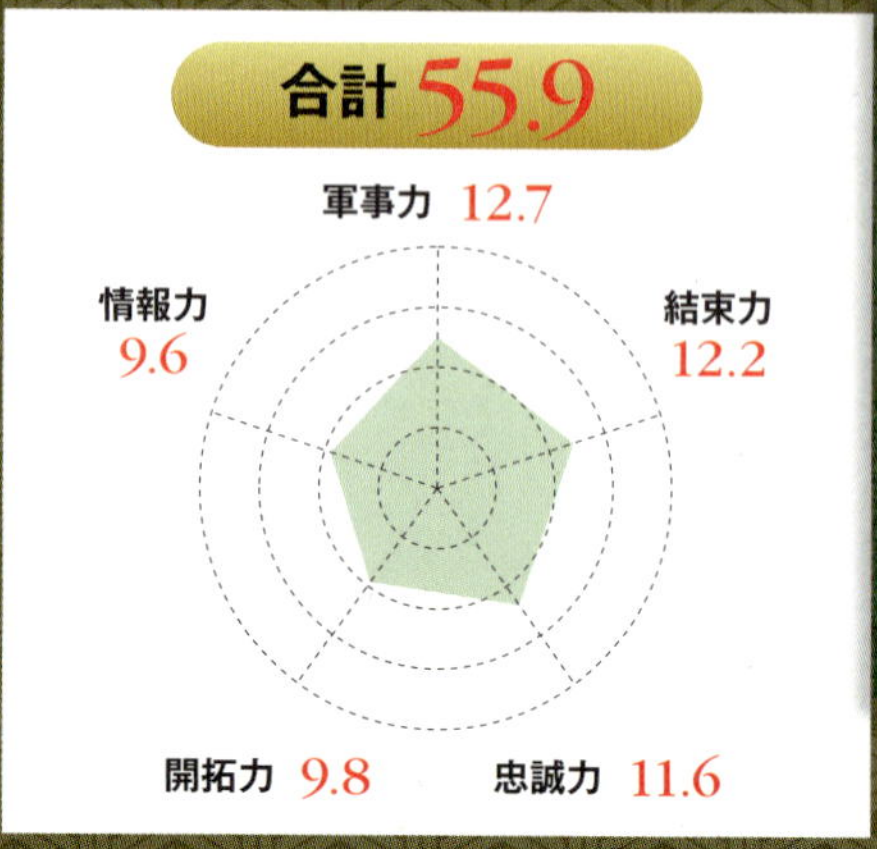
合計 55.9
軍事力 12.7
結束力 12.2
忠誠力 11.6
開拓力 9.8
情報力 9.6

山中鹿介

尼子再興をめざし、戦い続けた。どんな苦難にも諦めることはなく、三日月に「我に七難八苦を与えたまえ」と願ったと伝わる。

尼子軍団編成図

※新宮党粛清直前

尼子晴久

- **御由緒衆**：尼子詮幸《あきゆき》・尼子吉久《よしひさ》・松田誠保《まさやす》
- **御由緒衆（新宮党）**：尼子国久《くにひさ》・尼子誠久《まさひさ》・尼子勝久《かつひさ》
- **富田譜代家臣団**：中井久包《ひさかね》・牛尾久信《ひさのぶ》・平野久利《ひさとし》
- **出雲国人衆**：三沢為清《ためきよ》・湯原宗綱《むねつな》・米原綱寛《つなひろ》
- **伯耆国人衆**：南条宗勝《むねかつ》・行松正盛《ゆきまつまさもり》・蜂塚義光《はちつかよしみつ》
- **因幡国人衆**：武田高信《たかのぶ》・野村士悦《しえつ》
- **石見国人衆**：宇山久兼《ひさかね》・湯惟宗《これむね》・多胡辰敬《たこときたか》
- **美作国人衆**：草刈景継《かげつぐ》・後藤勝基《かつもと》

尼子晴久

画像提供：山口県立山口博物館

晴久プロフィール

永正11（1514）年2月12日生まれ。尼子経久の跡を継ぎ尼子氏の当主となる。大内家を倒して勢力を拡大し始めた毛利元就と対立途中に突然急死したため、元就による謀殺説もある。永禄3（1561）年12月24日没。享年48。

いた。それが「尼子十勇士」や「尼子三傑」に数えられる猛将・山中鹿介《しかのすけ》だ。

鹿介も月山富田城の支城・白鹿城などで決死の攻防戦を繰り広げたが、力及ばず撤退。だが鹿介は尼子家の再興を願い、叔父の立原久綱《たちはらひさつな》らと協力して粛正された国久の孫・勝久を当主に擁立。「尼子家再興」をめざして織田軍の傘下に入り、再び毛利家に戦いを挑んだ。だが戦況は思うように進まない。

秀吉の中国攻めに加わり播磨国・上月《こうづき》城を守備していたが、毛利の大軍に包囲されて落城。勝久が自害したため、鹿介の悲願であった「尼子家再興」の夢は潰《つい》えてしまう。また捕らえられて捕虜となった鹿介も、その存在を恐れた毛利家家臣の手により護送される途中に謀殺されてしまった。

本郷チェック

御家再興をめざす姿は評価◎

月山富田城を奪われ一回潰れても、山中鹿介などの家臣団が尼子の生き残りを探しだしてもう一回頑張るって話は、他にはあんまり聞かないでしょ？　なんかその辺をもうちょっと認めてもいいのかな。なので忠誠力とか結束力は、もう少し高く評価されてもいいような気がしますね。まあ、お家を潰しているから軍事力が低いのは仕方がないですけど。

第16位

栄華を誇る北条家臣団

才能あふれる北条兄弟や北条家臣団の前に、豊臣秀吉が立ちはだかる！

豊臣秀吉によって小田原征伐軍が起こされた時、北条家の実質の権力者は北条氏政だった。氏政は軍事面や外交面に優れた兄弟たちの協力のもと、豊臣家臣団と小田原城で対峙する。

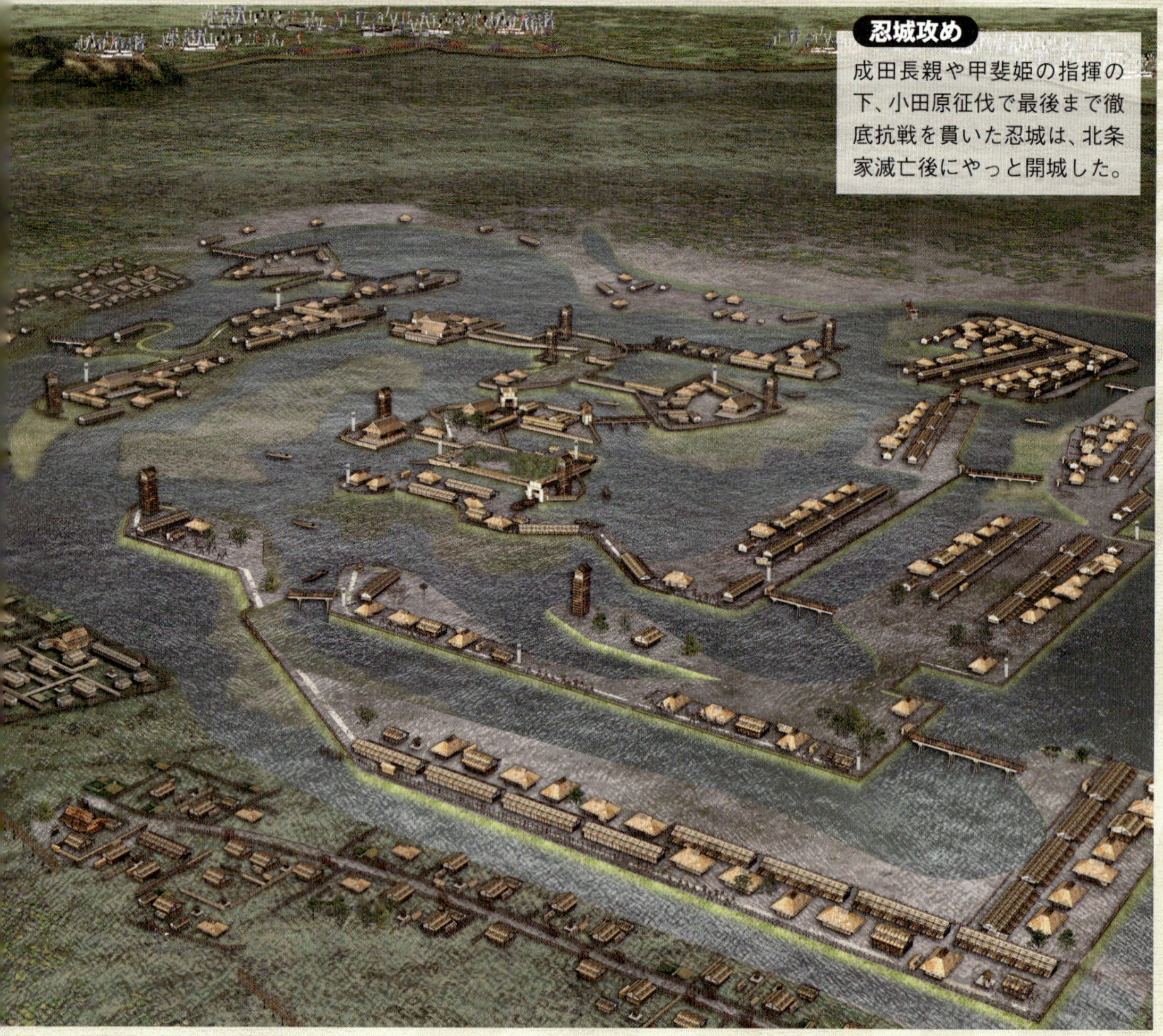

忍城攻め
成田長親や甲斐姫の指揮の下、小田原征伐で最後まで徹底抗戦を貫いた忍城は、北条家滅亡後にやっと開城した。

内政の氏政、軍事の氏照 統治の氏邦、外交の氏規

北条氏政《うじまさ》は、小田原を中心に関東一帯を勢力下に持つ北条家の四代目当主だ。北条氏康《うじやす》の次男として生まれたが、長男が夭折《ようせつ》したために、氏康の跡を継いで当主となった。越前の上杉謙信や甲斐の武田信玄とも領土を争った氏政は、相模、伊豆、下総《しもうさ》、上総《かずさ》、上野《こうづけ》の他に常陸《ひたち》や下野《しもつけ》、駿河までをも支配下におさめ、北条家最大の版図を築いた。内政を得意としていた氏政の下で、小田原一帯は大いに繁栄したとされる。

当主の氏政には多くの有能な弟たちがおり、戦国時代にはめずらしく、兄弟の仲が非常によかったといわれている。そのため皆がそれぞれの才能を生かして氏政の治世を助けていた。

三男の氏照《うじてる》は北条家における軍事面の中心的人物ともいえる存在で「布陣のやり方は氏照に倣《なら》え」と言われたほどの名将だった。豊臣秀吉の小田原征

本郷チェック 関東の覇者の評価が低すぎる

北条の家臣団の評価は、研究者は真っ赤になって怒るね。戦国大名のなかで一番進んでいたのが北条氏だっていわれてますから。だからなんで16位って思うよね。ただ、氏政が秀吉に負けているから情報力が弱いのは仕方がない。だけど氏政は、アホだバカだと言われながらも最大の領地を獲得した。そういう意味で、もうちょっと評価してあげてもいいのかな。

氏政 プロフィール

天文7（1538）年生まれ。北条早雲、氏綱、氏康に続く「北条家」の四代目当主。偉大な父の跡を継ぎ、上杉家や武田家と争い北条家の領土を拡大。だが時勢を見誤り豊臣秀吉と対立し北条家を滅亡させてしまう。天正18（1590）年7月11日没。享年53。

北条家臣団の評価 △

合計 54.4

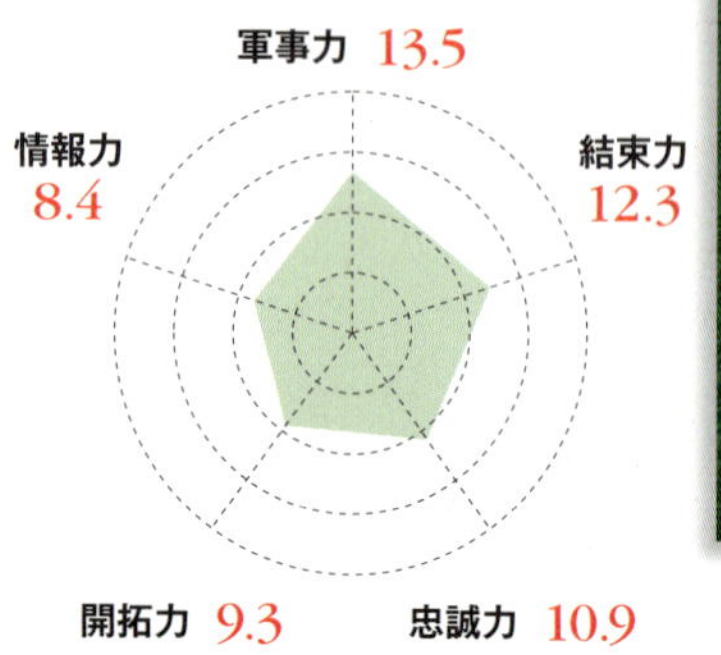

軍事力 13.5
結束力 12.3
忠誠力 10.9
開拓力 9.3
情報力 8.4

北条軍団編成図

北条氏直《うじなお》

- **御家門衆**　北条氏政《うじまさ》・北条氏照《うじてる》・北条氏邦《うじくに》・北条氏規《うじのり》・佐野氏忠《うじただ》
北条氏光《うじみつ》・北条氏房《うじふさ》・北条氏尭《うじたか》
- **御家中衆**　伊勢貞運《さだかず》・小笠原康広《やすひろ》
- **三家老衆・評定衆**　大道寺政繁《まさしげ》・松田憲秀《のりひで》・垪和康忠《はがやすただ》・狩野康光《かのうやすみつ》
山角康定《やまかくやすさだ》
- **奉行衆・御馬廻衆**　板部岡江雪斎《いたべおかこうせつさい》・松田康長《やすなが》・松田康郷《やすさと》
- **小田原衆**　松田氏・布施氏・大草氏・南条氏・蜷川《にながわ》氏・岡部氏
- **伊豆衆**　笠原政尭《まさたか》・清水康英《やすひで》・猪俣邦憲《いのまたくにのり》
- **津久井衆**　内藤綱秀《つなひで》
- **三崎衆・小机衆・玉縄衆**　間宮康俊《やすとし》・上杉規富《のりとみ》
- **江戸衆**　富永政家《まさいえ》
- **河越衆・松山衆・八王子衆・鉢形衆**　上田憲定《のりさだ》
- **上野衆**　和田昌繁《まさしげ》・斎藤定盛《さだもり》
- **他国衆**　成田氏長《うじなが》・成田長忠《ながただ》・太田氏・由良氏・藤田氏・大石氏

※小田原征伐直前

北条家臣の逸話❶

忍城を守り抜いた成田長親

忍城は、北条方の家臣・成田氏長《うじなが》が城主を務める堅城だ。小田原征伐時、城主・氏長は小田原城に詰めていたため、実質的な指揮官は氏長の家臣・成田長親や氏長の長女・甲斐姫だった。長親の指揮のもと石田三成軍の水攻めで忍城本丸が「水の中に浮いたような」状態になっても耐え抜き、反対に石田軍が築いた堤を破り手痛い損害を与えた。忍城の抵抗は、小田原城が開城するまで続けられた。

忍城・石田堤

石田三成が忍城水攻めで築いた堤防・石田堤の趾。

画像提供：小田原城天守閣

北条氏政

伐では徹底抗戦を主張し、降伏後に氏政とともに自害している。

四男の氏邦《うじくに》も、軍事的な才能に明るく、さらに統治力にも優れていた。

内政に明るい氏政、軍事に強い氏照と氏邦に加え、北条家の外交面を担当したのが、五男の氏規《うじのり》だ。氏規は時勢を見極める能力にも長けていた。秀吉が台頭してくると、まっさきに秀吉に臣従するよう兄弟たちを説得。自らが使者となって、豊臣方との交渉にもあたっている。だが、そんな氏規の苦労は報われず開戦が決定。すると一転、北条家の一員として小田原城の支城・韮山《にらやま》城に籠城し、10倍以上の兵力を持つ織田信雄《のぶかつ》軍を相手に徹底抗戦を行なう武闘派でもあった。

だが、所詮は多勢に無勢。最終的には氏規の将来を心配した徳川家康や黒田官兵衛の説得を受け入れて、開城・降伏してしまった。

小田原一帯の繁栄は、仲が良く才能にあふれた北条兄弟に支えられていたともいうが、秀吉の小田原征伐での北条家臣団は、忍城を守り切った成田長親のような武将がいる一方、秀吉に寝返り、武蔵松山城や八王子城攻めに力を貸した大道寺政繁のような者もいた。いくら堅牢な居城があっても城だけでは家は守れない。

北条家臣の逸話❷

秀吉に降った大道寺政繁の末路

河越城・本丸御殿

秀吉の小田原征伐時、河越城の城主は大道寺政繁だった。

大道寺政繁《だいどうじまさしげ》は、北条氏康、氏政、氏直《うじなお》の三代に仕えた宿老だ。内政や軍事で数々の功績を残した重鎮だったが、小田原征伐では豊臣方に寝返っている。そして忍城への道案内を務めたり、北条方の支城の攻略戦に、豊臣方について戦った。だが、小田原征伐が終結すると、豊臣方に加担したことは加味されず、寝返りを嫌った秀吉から切腹を命じられ、居城の河越城で自害させられてしまっている。

第17位

東海を制した今川家臣団

今川家の全盛期は、当主・義元と太原雪斎ら有力家臣達が作り上げた！

桶狭間の戦いで織田信長に敗れたことだけがことさらクローズアップされる今川義元だが、もともとは「天下に一番近い」と言われた有力戦国大名で、有能な家臣団にも恵まれていた。

今川義元

軍事・外交・内政に万能な名補佐や忠臣たちが大活躍

「海道一の弓取り」と恐れられた今川義元も、やはり有力な家臣団に支えられていた。その最たる人物は、今川家の人質だった徳川家康の師としてもお馴染みの太原《たいげん》雪斎《せっさい》だろう。

太原雪斎は14歳で出家した臨済《りんざい》宗の僧でありながら、軍事、外交、内政などすべての面で類稀なる才能を発揮した人物で、武田家や北条家との間に「甲相駿《こうそうすん》三国同盟」を締結し、今川軍の三河侵攻を成功させている。また内政面では義元の父が作った分国法「今川仮名目録《かなもくろく》」を改定させて領土安定を図るなどの活躍を見せている。この雪斎が生きていれば「義元は桶狭間の戦いで信長に負けなかっただろう」とさえ言われている人物だ。

また、朝比奈泰能《あさひなやすよし》は、今川家の重臣で掛川城主でもある。松平家の家督をめぐり織田家と今川家の間で争われた「小豆坂の戦い」では、総大将・太原雪斎の副将を務め、岡崎城の接収も行なっている。泰能は雪斎とともに義元の補佐役だったが、残念ながら桶狭間の戦いの3年ほど前に亡くなっている。

息子の朝比奈泰朝《やすとも》は、義元の尾張国侵攻に従い織田軍の鷲津砦を攻略するが、当主・今川義元が桶狭間で討ち取られてしまい、やむなく撤退。その後は、義元の嫡男・氏真に仕えている。

今川軍団編成図

※桶狭間の戦い直前

今川義元

- 御由緒衆（足利）：堀越氏延《うじのぶ》・吉良氏朝《うじとも》・吉良義昭《よしあき》
- 御由緒衆（今川）：瀬名氏俊《うじとし》・関口氏広《うじひろ》・関口氏経《うじつね》
- 準一門：朝比奈元長《もとなが》・江尻親良《ちかよし》・蒲原氏徳《うじのり》・朝比奈泰朝《やすとも》・鵜殿長照《うどのながてる》・浅井政敏《まさとし》
- 駿河譜代衆：由比光教《ゆいみつのり》・久能《くのう》元経・安倍元真《もとざね》
- 遠江国人衆：井伊直盛・松下之綱《ゆきつな》・小笠原信興《のぶおき》
- 三河譜代衆：朝比奈元智《もととも》・天野景泰《かげやす》・小原鎮実《しげざね》
- 三河国人衆：松平元康《もとやす》・戸田重貞《しげさだ》・奥平定能《さだよし》
- 尾張譜代衆：三浦義就《よしなり》・岡部元信《もとのぶ》
- 尾張国人衆：丹羽氏識《うじさと》・丹羽氏勝《うじかつ》

義元亡き後、瓦解していく今川家や家臣団を最後まで支え、忠義を尽くした。戦国大名・今川家の最後の忠臣のひとりと言ってもいい存在だろう。

本郷チェック 桶狭間の敗戦が尾を引いて滅亡

忠誠力が高いのは、武田と徳川に攻められても結構頑張った、というところが評価されたんでしょう。桶狭間で、あんな形で敗れたから情報力は高くならないよね。今川の場合はすべて桶狭間に尽きるよね。大惨敗してしまい、そのショックから立ち直れないまま、いいところなく滅んでしまったので、全体に点数が低いのは仕方がないよね。

義元プロフィール

永正16(1519)年生まれ。駿河国・遠江国・三河国の三国を治め、戦国大名としては東海道に飛躍し今川家の最盛期を築き上げた。領国経営に優れた戦国大名だったが、桶狭間の戦いで惜しくも織田信長に敗れ戦死する。永禄3(1560)年5月19日没。享年42。

今川家臣団の評価

合計 45.4

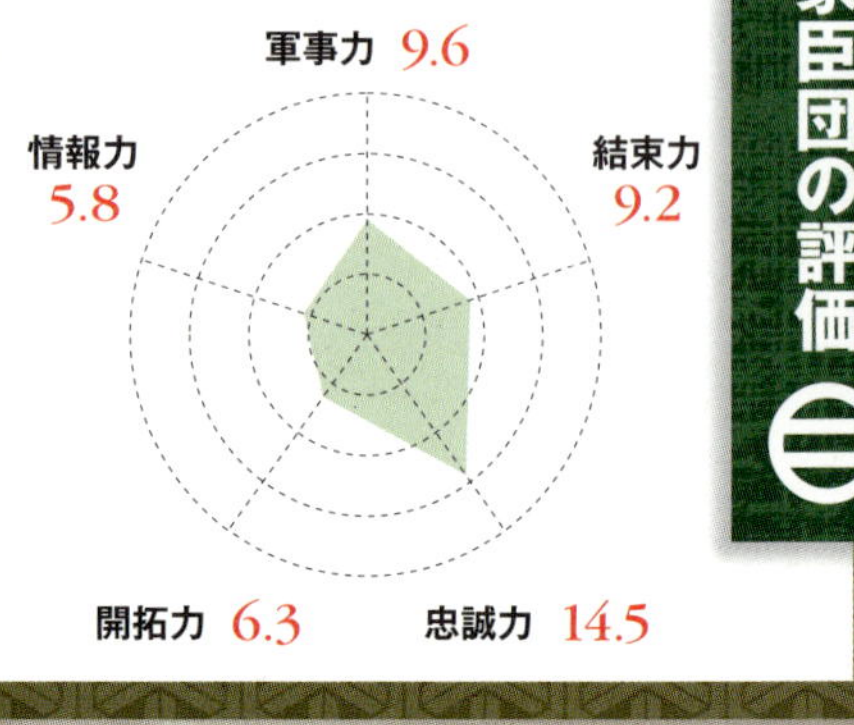

軍事力 9.6
結束力 9.2
忠誠力 14.5
開拓力 6.3
情報力 5.8

第18位

今山の戦いで大友を撃破するも、沖田畷の戦いで島津に壊滅させられた

武勇に優れた龍造寺家臣団

一瞬の油断により龍造寺隆信は沖田畷の戦いで島津軍に討ち取られてしまったが、龍造寺家には龍造寺四天王や鍋島直茂などの武勇や知略に優れた家臣団が揃っていた。

5人の「龍造寺四天王」と西国の天才・鍋島直茂！

肥前を治めた、龍造寺隆信《りゅうぞうじたかのぶ》の有力家臣と言えば、何と言っても「龍造寺四天王」と鍋島直茂《なべしまなおしげ》だ。

龍造寺四天王として活躍した人物は、じつは5人いる。そのひとりが、成松《なりまつ》信勝《のぶかつ》。信勝は肥前国で勃発した今山の戦いで大友軍に奇襲をかけ、見事に敵大将・大友親貞《ちかさだ》を討ち取った勇将だ。

2人目は百武賢兼《ひゃくたけともかね》。「その武勇は百人に勝る」と言われたことから「百武」の姓を賜っている。3人目の木下昌直《まさなお》も、今山の戦いで戦功を挙げて隆信の直臣になった猛将だ。

4人目の座は時代や資料によって入れ替わる。それが江里口信常《えりぐちのぶつね》と円城寺《えんじょうじ》信胤《のぶたね》だ。江里口は沖田畷《おきたなわて》の戦いで島津兵になりすまし、敵大将・島津家久の元まで首級《しゅきゅう》を持ち込み、家久を討ち取ろうとした強者だ。また円城寺は沖田畷の戦いで龍造寺軍が壊滅した時、「我こそは龍造寺隆信である！」と、主の身代わりとなっている。残念ながら龍造寺四天王は皆隆信とともに、沖田畷の戦いで島津家得意の釣り野伏せにより戦死した。

四天王が剛の者たちなら、鍋島直茂は武勇も政略にも知略にも、そして先見性にも優れた天才だった。家老として隆信に仕え、沖田畷の戦いで隆信が討死すると、残された家臣団を率いて奔走。豊臣秀吉の九州征伐では、いち早く秀吉に降り、肥前7郡を安堵された。最終的には平和裏に主家を簒奪《さんだつ》。嫡男・勝茂を肥前佐賀藩の初代藩主にさせている。

龍造寺軍団編成図

龍造寺隆信

- 一門衆：龍造寺長信《ながのぶ》・龍造寺信周《のぶちか》
- 執事（鍋島家）：鍋島直茂・鍋島信房《のぶふさ》
- 龍造寺四天王：成松信勝・百武賢兼《ひゃくたけともかね》・木下昌直・江里口《えりぐち》信常・円城寺信胤《のぶたね》
- 三宿衆：土肥家実《どひいえざね》・小河信俊《おがわのぶとし》・納富家理《のうとみいえのり》
- 旗本衆：石井常忠《つねただ》・石井忠修《ただみち》・石井信忠《のぶただ》
- 外様衆：大村純忠《すみただ》・松浦隆信《たかのぶ》・有馬晴信《はるのぶ》
- 国人衆：秋月種実《たねざね》・田尻鑑種《あきたね》・三池鎮実《しげざね》

※沖田畷の戦い直前

龍造寺隆信

画像提供：佐賀県立博物館・美術館

本郷チェック お家を乗っ取られた肥前の熊

龍造寺家臣団の結束力が低いのは鍋島ですかね。鍋島みたいに見事に乗っ取った例は他にないからね。だけど家臣団が、乗っ取りを認めざるを得なかったところは辛いところだね。だから結束力が低いのは仕方がないか。情報力が低いのも、沖田畷の戦いで兵力で優っていたのに、大将まで殺されたのはひどい話だけど、でも敵が島津だからね。

隆信 プロフィール

享禄2（1529）年2月15日生まれ。「肥前の熊」と怖れられた戦国大名。今山の戦いで大友宗麟軍を撃退し、肥前、筑前、筑後に勢力を広げる。沖田畷の戦いで兵を率いて積極的に攻勢に出て島津家久に敗れ、戦死した。天正12（1584）年3月24日没。享年56。

龍造寺家臣団の評価

合計 44.5

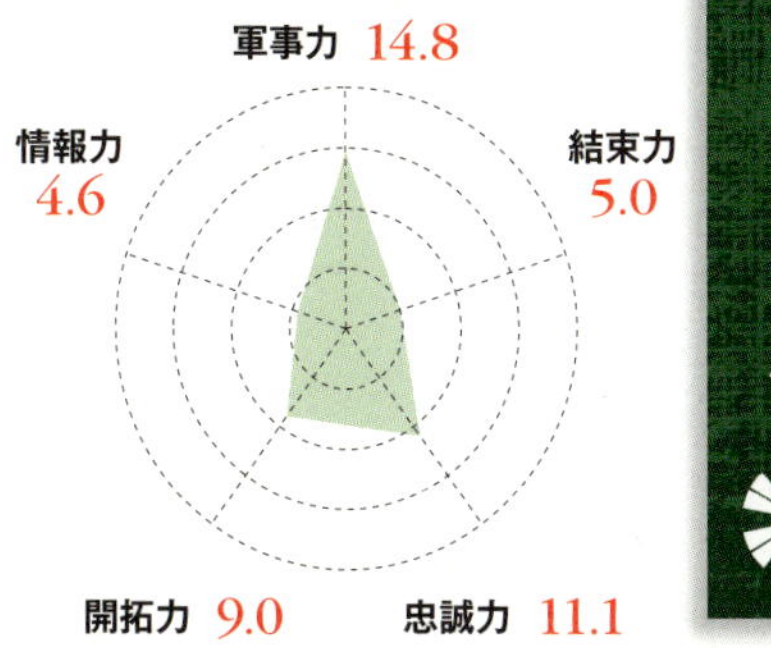

軍事力 14.8
結束力 5.0
忠誠力 11.1
開拓力 9.0
情報力 4.6

監修者：本郷和人 ほんごう かずと

昭和35（1960）年生まれ。東京大学史料編纂所教授。東京大学・同大学院で日本中世史を学ぶ。著書に『真説 戦国武将の素顔』（宝島社）、『中世朝廷訴訟の研究』（東京大学出版会）、『戦国夜話』（新潮社）、『天皇はなぜ万世一系なのか』（文藝春秋）など多数。監修に『戦国武将ナンバーワン決定戦』ほか。NHK大河ドラマ『平清盛』の時代考証も担当した。

編集協力 湯原浩司（オフィス五稜郭）
執筆 西村 誠
村上菜々
須本浩史
井上岳則

装丁・本文デザイン 大下哲郎（i'll Products）
早川一臣（i'll Products）
中多由香（i'll Products）
長澤真也（i'll Products）
イラスト 長野 剛
じゃこ兵衛
CG制作 成瀬京司
地図・写真 オフィス五稜郭
画像協力 東京大学史料編纂所
和歌山県立博物館
犬山城白帝文庫
岡山県立図書館
長浜市長浜城歴史博物館
盛徳寺
雄琴神社
浜松市博物館
関ケ原町歴史民俗資料館
長野市立博物館
萩博物館
米沢市上杉博物館
大阪城天守閣
鍋島報效会
涌谷町教育委員会
尚古集成館
安来市観光協会
小田原城天守閣
先求院
佐賀県立博物館・美術館
山口県立山口博物館
国立国会図書館

戦国家臣団
実力ナンバーワン決定戦

2017年10月20日 第1刷発行
2020年 6 月25日 第2刷発行

監修 本郷和人
発行人 蓮見清一
発行所 株式会社宝島社
〒102-8388
東京都千代田区
一番町25番地
電話（編集）03-3239-0928
（営業）03-3234-4621
https://tkj.jp
印刷・製本 株式会社リーブルテック

ISBN978-4-8002-7641-4

参考文献

歴史群像シリーズ特別編集『全国版　戦国精強家臣団』学習研究社
歴史群像シリーズ戦国セレクション『疾風　上杉謙信』学習研究社
双葉社スーパームック『戦国　合戦の実相』双葉社
太田 牛一 著/中川 太古 翻訳『現代語訳 信長公記』KADOKAWA
旧参謀本部 編纂『日本の戦史　関ヶ原の役 』徳間書店
本郷和人 著『真説 戦国武将の素顔』宝島社
大石泰史 編『全国国衆ガイド』星海社
歴史群像シリーズ㉒『徳川四天王【精強家康軍団奮闘譜】』学習研究社